NOTA DA EDIÇÃO ORIGINAL

Todas as ideias neste livro vieram de *Prisioneiros da geografia: 10 mapas que explicam tudo o que você precisa saber sobre política global*, de Tim Marshall, escrito a partir dos anos que ele passou fazendo reportagens por todo o mundo. Não é uma história completa, mas uma visão pessoal baseada nas percepções e opiniões de Tim.

Ambos os livros visam introduzir alguns dos principais temas da geopolítica contemporânea e, para nos ajudar a compreender o mundo à nossa volta, combinam elementos de geografia, história e política. A geopolítica está mudando constantemente, e as pessoas têm diferentes pontos de vista sobre cada um de seus aspectos. Fizemos o possível para que as informações estejam corretas e somos muito gratos a todos os especialistas e leitores que nos emprestaram seu tempo e conhecimento para nos ajudar a dar forma e a melhorar este livro.

Lamentavelmente, o espaço no livro é limitado, por isso não pudemos incluir todos os países ou temas – alguns capítulos cobrem um único país, outros um continente inteiro. Sabemos que haverá leitores que podem não ver suas próprias experiências representadas aqui, mas, onde quer que você esteja, esperamos que o livro vá inspirá-lo a descobrir mais sobre a rica história dos países, dos povos e da geografia de nosso mundo.

Para Franklin e Grace – T.M.

Tradução autorizada da edição inglesa publicada em 2019 mediante acordo com Simon & Schuster UK Ltd, uma empresa CBS, e Elliot and Thompson Limited, de Londres, Inglaterra.

Grafia atualizada segundo o Acordo Ortográfico da Língua Portuguesa de 1990, que entrou em vigor no Brasil em 2009.

Título original: Prisoners of Geography: Our World Explained in 12 simple maps

Projeto gráfico: Sally Griffin

Consultor cartográfico: Andrew Heritage

Checagem de fatos: Penny Rogers; Jacqueline Hornberger

Tradução: Maria Luiza X. de A. Borges

Preparação: Diogo Henriques

Revisão: Édio Pullig; Eduardo Monteiro

Agradecimentos a dr. Lori Allen, dr. Phil Clark, dr. Bhavna Dave, dr. Owen Miller, Jessica Pavlos, dr. Navtej Purewal & Tsering Samdrup e todos na SOAS University of London

Agradecimentos também a Alejandro Reyes, Paulina Reyes, Alison Williams e à dra. Rachel Williams

CIP-Brasil. Catalogação na publicação
Sindicato Nacional dos Editores de Livros, RJ

H846p

Hawkins, Emily
Prisioneiros da geografia para jovens leitores: nosso mundo explicado em 12 mapas / Tim Marshall; adaptação Emily Hawkins, Pippa Crane; ilustração Grace Easton, Jessica Smith; tradução Maria Luiza X. de A. Borges. – 1ª ed. – Rio de Janeiro: Pequena Zahar, 2020.

il.

Tradução de: Prisoners of Geography.
ISBN 978-85-66642-69-8

1. Geopolítica – Literatura infantojuvenil. 2. Geografia – Literatura infantojuvenil. 3. Mapas – Literatura infantojuvenil. I. Marshall, Tim, 1959-. II. Crane, Pippa. III. Easton, Grace. IV. Smith, Jessica. V. Borges, Maria Luiza X. de A. VI. Título.

19-58899

CDD: 320.12083
CDU: 911.3:32(053.2)

Meri Gleice Rodrigues de Souza – Bibliotecária – CRB-7/6439

1ª reimpressão

2021
Todos os direitos desta edição reservados à
EDITORA PEQUENA ZAHAR
Praça Floriano, 19, sala 3001 – Cinelândia
20031-050 – Rio de Janeiro – RJ
☎ (21) 3993-7510
🔗 companhiadasletras.com.br/pequenazahar
f /pequenazahar
🅾 pequenazahar
▶ /CanalLetrinhaZ

Esta obra foi composta em Ionic e True North Rough e impressa em Hong Kong pela RR Donnelley sobre papel offset para a Editora Schwarcz em 2021

TIM MARSHALL

PRISIONEIROS DA GEOGRAFIA

PARA JOVENS LEITORES

NOSSO MUNDO EXPLICADO EM 12 MAPAS

ILUSTRADO POR

GRACE EASTON E **JESSICA SMITH**

ADAPTADO COM EMILY HAWKINS E PIPPA CRANE

TRADUÇÃO: MARIA LUIZA X. DE A. BORGES

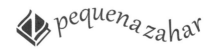

SUMÁRIO

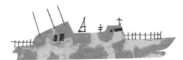

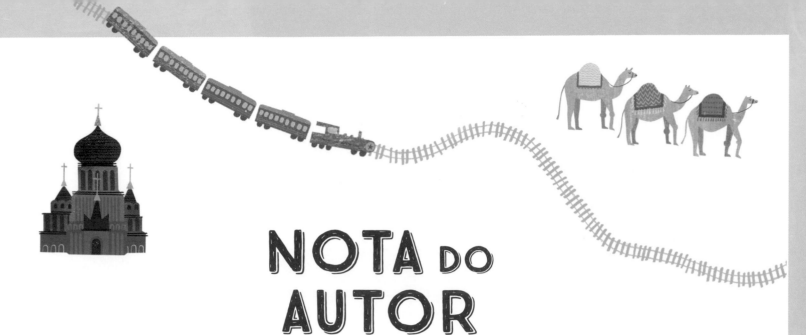

NOTA DO AUTOR

Para mim, é um grande orgulho que *Prisioneiros da geografia* tenha sido adaptado para leitores mais jovens. O original baseou-se em 30 anos de reportagens feitas no mundo todo, e nesse tempo fui percebendo cada vez mais que não era possível contar a história inteira sem o entendimento da paisagem física em que os acontecimentos se desdobravam. Ao mostrar como a geografia afeta as relações internacionais, o livro atingiu um público adulto ávido por compreender melhor um mundo complexo.

Este novo livro retoma os principais pontos do original, condensa-os e – o que é mais importante – lhes dá vida por meio das belas ilustrações de Grace Easton e Jessica Smith, propiciando aos leitores mais jovens uma nova perspectiva sobre o mundo que os cerca. Por favor, observe que os mapas neste livro nem sempre foram desenhados em escala, tendo sido concebidos para contar uma história.

A maior recompensa que recebi por *Prisioneiros da geografia* não veio das críticas positivas, ou do fato de ele ter se tornado um best-seller internacional (por mais que isso tenha sido bem-vindo!); ela veio na verdade de jovens estudantes que me disseram que o livro os havia inspirado a ir para a universidade estudar assuntos correlatos, como relações internacionais, política e, sim, geografia. Se esta colorida edição gerar centelhas similares em mentes mais jovens, então essa será também a maior recompensa possível.

TIM MARSHALL

POR QUE "PRISIONEIROS DA GEOGRAFIA"?

A terra em que vivemos sempre nos moldou. Ela influenciou guerras, políticas e sociedades em todo o mundo. Isto é tão verdadeiro hoje quanto há muito tempo atrás, quando os líderes de tribos antigas buscavam terrenos elevados a partir do qual pudessem se defender. As escolhas de governos, líderes e sociedades são por vezes limitadas por rios, montanhas, desertos e oceanos. Poderíamos dizer que, frequentemente, nações são prisioneiras de sua geografia, limitadas pela localização de cadeias de montanhas ou por seu acesso a rios para comércio.

E não é apenas a paisagem física – como rios e montanhas – que é importante, mas também o clima e os recursos naturais: todas essas coisas afetaram a maneira como as culturas humanas se desenvolveram ao longo do tempo.

Hoje, a tecnologia realmente nos ajuda a superar algumas das barreiras da geografia. A internet significa que podemos permanecer conectados; a viagem aérea nos permite voar sobre montanhas. Mas, mesmo com todos esses avanços, a paisagem física continua sendo importante: se você compreender a geografia do planeta, estará no bom caminho para compreender os acontecimentos que têm lugar no mundo à nossa volta.

RÚSSIA: A GEOGRAFIA

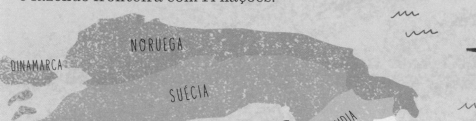

Cobrindo 17 milhões de quilômetros quadrados, a Rússia é o maior país do mundo. É 70 vezes maior que o Reino Unido e duas vezes maior que os Estados Unidos (EUA), abrangendo 11 diferentes fusos horários e fazendo fronteira com 14 nações.

O clima na Rússia é muito frio durante o inverno. Alguns portos russos no Ártico ficam congelados durante sete meses por ano, por isso navios não podem entrar nem sair.

Os montes Urais marcam a fronteira entre a Europa e a Ásia. O lado europeu constitui um quarto do território da Rússia, mas mais de três quartos da população vivem aqui.

Ivan IV (1530-84), conhecido como Ivan, o Terrível, governou a partir de Moscou no século XVI. Ele conquistou muitas terras, por isso a Rússia tornou-se muito maior.

Rio mais longo da Europa, o Volga é muito importante para a Rússia. Ele tem 3.530 quilômetros de comprimento, e quase metade das maiores cidades russas situam-se ao longo de seu percurso.

A Rússia é tão imensa que é difícil deslocar pessoas, comida e suprimentos pelo país. São necessários cerca de seis noites e sete dias para percorrer os 9.258 quilômetros de Vladivostok a Moscou pela ferrovia Transiberiana.

NORUEGA
DINAMARCA
SUÉCIA
FINLÂNDIA
MURMANSK
Mar Báltico
SÃO PETERSBURGO
ESTÔNIA
LETÔNIA
LITUÂNIA
POLÔNIA
ARCANGEL
Floresta de taiga
BIELORRÚSSIA
Montes Urais
EUROPA ÁSIA
CAMPO PETROLÍFERO
MOSCOU
Rio Volga
UCRÂNIA
Cordilheira do Cáucaso
Grande pântano de Vasyugan
Ferrovia Transiberiana
Mar Negro
Montanhas Altai
Mar Cáspio
GEÓRGIA
TURQUIA
ARMÊNIA
AZERBAIJÃO
IRAQUE
IRÃ
UZBEQUISTÃO
CAZAQUISTÃO
TURCOMENISTÃO
CHINA

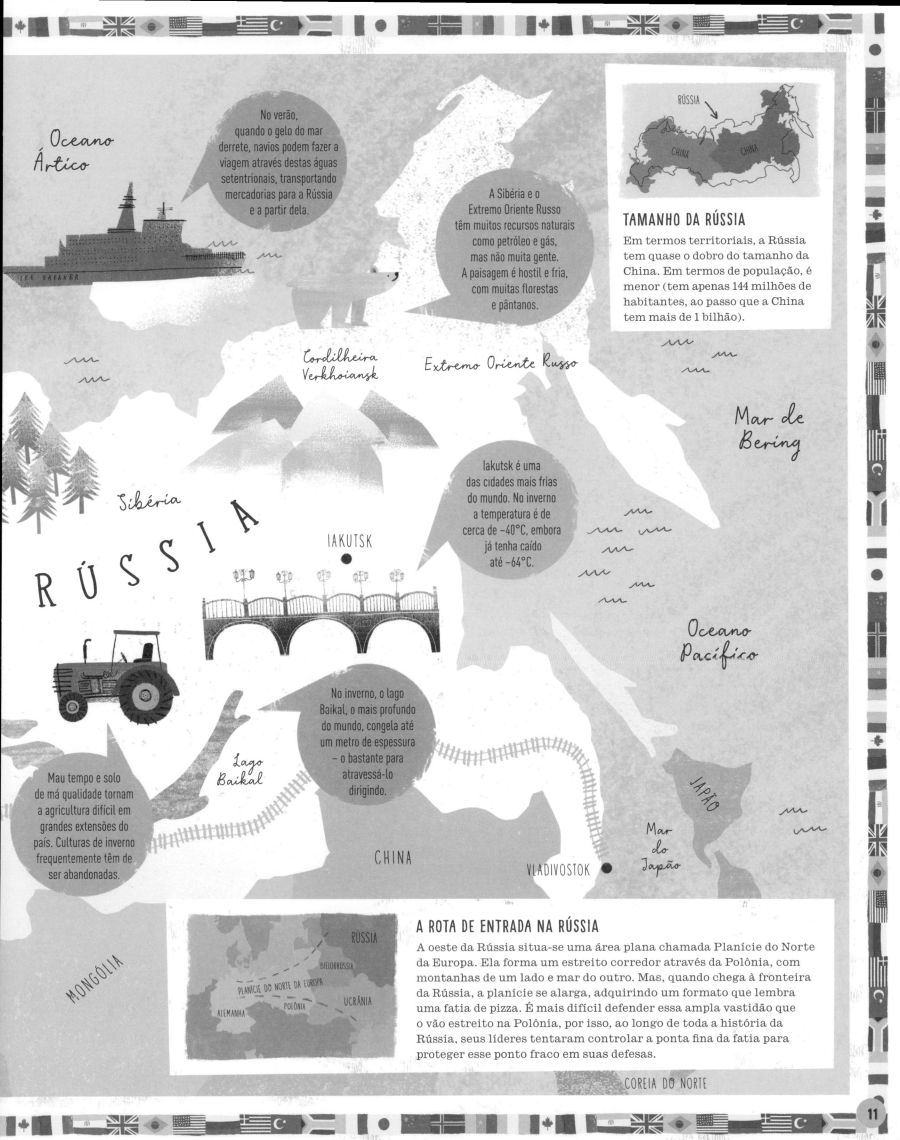

Oceano Ártico

No verão, quando o gelo do mar derrete, navios podem fazer a viagem através destas águas setentrionais, transportando mercadorias para a Rússia e a partir dela.

A Sibéria e o Extremo Oriente Russo têm muitos recursos naturais como petróleo e gás, mas não muita gente. A paisagem é hostil e fria, com muitas florestas e pântanos.

RÚSSIA
CHINA   CHINA

TAMANHO DA RÚSSIA

Em termos territoriais, a Rússia tem quase o dobro do tamanho da China. Em termos de população, é menor (tem apenas 144 milhões de habitantes, ao passo que a China tem mais de 1 bilhão).

Cordilheira Verkhoiansk

Extremo Oriente Russo

Mar de Bering

Sibéria

RÚSSIA

IAKUTSK

Iakutsk é uma das cidades mais frias do mundo. No inverno a temperatura é de cerca de –40°C, embora já tenha caído até –64°C.

Oceano Pacífico

No inverno, o lago Baikal, o mais profundo do mundo, congela até um metro de espessura – o bastante para atravessá-lo dirigindo.

Mau tempo e solo de má qualidade tornam a agricultura difícil em grandes extensões do país. Culturas de inverno frequentemente têm de ser abandonadas.

Lago Baikal

JAPÃO

Mar do Japão

CHINA

VLADIVOSTOK

MONGÓLIA

A ROTA DE ENTRADA NA RÚSSIA

RÚSSIA

BIELORRÚSSIA

PLANÍCIE DO NORTE DA EUROPA

ALEMANHA   POLÔNIA   UCRÂNIA

A oeste da Rússia situa-se uma área plana chamada Planície do Norte da Europa. Ela forma um estreito corredor através da Polônia, com montanhas de um lado e mar do outro. Mas, quando chega à fronteira da Rússia, a planície se alarga, adquirindo um formato que lembra uma fatia de pizza. É mais difícil defender essa ampla vastidão que o vão estreito na Polônia, por isso, ao longo de toda a história da Rússia, seus líderes tentaram controlar a ponta fina da fatia para proteger esse ponto fraco em suas defesas.

COREIA DO NORTE

RÚSSIA: UMA BREVE HISTÓRIA

A Rússia nem sempre foi enorme. O que é agora o maior país do mundo começou como apenas um pequeno grupo de tribos. Com o tempo, o país cresceu, expandindo-se e engolindo seus vizinhos. Os líderes da Rússia sempre se preocuparam com as terras planas a oeste, onde o país está exposto a ataques.

1 No século IX, um grupo de tribos se reuniu para formar a Rus Kievana, os ancestrais dos russos de hoje. Eles estavam baseados na cidade de Kiev e áreas circundantes, no que é atualmente a Ucrânia.

2 Ao longo dos anos, guerreiros mongóis a cavalo atacaram a partir do sul e do leste, na tentativa de expandir seu império. Eles finalmente derrotaram a Rus Kievana no século XIII.

3 Depois da invasão dos mongóis, a força da Rus Kievana declinou e o poder central se deslocou para o Grão-Principado de Moscou, a leste, onde hoje é Moscou. A paisagem aqui era plana, o que tornava difícil a defesa da cidade.

4 Não havia nenhuma montanha ou deserto para servir como barreira contra ataques. Ao longo da história, muitos líderes russos talvez tenham desejado que houvesse montanhas a oeste de Moscou.

5 Em 1547, Ivan, o Terrível, tornou-se o primeiro czar (imperador) da Rússia. Ele percebeu que o país precisava de defesas melhores e começou a usar o ataque como estratégia de defesa, conquistando os vizinhos da Rússia para expandir seu território.

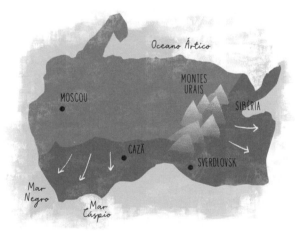

6 Durante o século seguinte, a Rússia se espalhou para a Sibéria, além dos montes Urais, e para o sul do mar Cáspio. Agora havia barreiras naturais entre a Rússia e seus inimigos: era difícil invadi-la atravessando o mar ou as montanhas. Um exército atacante teria de cobrir muito mais terra para conquistar todo o país, e necessitaria de linhas de suprimento muito longas, tornando difícil obter comida e armas para suas tropas.

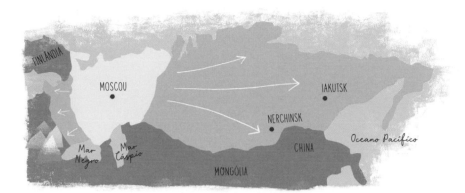

7 A Rússia continuou a crescer no século XVIII. Ela se expandiu mais a leste em direção ao oceano Pacífico e a oeste rumo aos Cárpatos, conquistando a Ucrânia, a Lituânia, a Letônia e a Estônia. O Império Russo tornara-se uma das grandes potências da Europa.

8 Muitos países tentaram invadir a Rússia a partir do oeste, pela Planície do Norte da Europa. Soldados poloneses ocuparam Moscou em 1610-12, mas foram expulsos após uma série de insurreições.

9 Em 1708, a Suécia invadiu a Rússia, mas, sendo esta tão grande, o exército russo pôde fazer a retirada. Assim, destruiu plantações e fazendas, impedindo que o inimigo reabastecesse seus suprimentos durante o inverno. Muitos suecos morreram e eles foram derrotados.

10 Os russos usaram a mesma tática em 1812, quando o líder francês Napoleão invadiu o país. Seu exército chegou a Moscou, mas precisava trazer provisões de muito longe para alimentar os soldados. Quando o inverno se aproximou, os famintos soldados franceses bateram em retirada.

11 A mesma situação se repetiu quando a Alemanha invadiu a Rússia em 1941. Os alemães desferiram um ataque surpresa no verão, mas não conseguiram derrotar completamente o exército russo. Mais uma vez, o inverno e a falta de suprimentos acabaram por forçá-los a recuar.

12 Quando a Segunda Guerra Mundial terminou, em 1945, a Rússia se expandiu ainda mais, assumindo o controle de muitos países na Europa oriental e na central. Então conhecida como União Soviética (URSS), estendia-se do oceano Pacífico até Berlim, do Ártico até a Ásia central, chegando às fronteiras do Afeganistão. Era um dos países mais poderosos do mundo.

No final do século XX, a URSS se dissolveu, e assim a Rússia perdeu território no oeste, de modo que não tinha mais montanhas para protegê-la. Como o país foi atacado muitas vezes pela Planície do Norte da Europa, os líderes russos se preocupam em defender sua fronteira ocidental. Hoje, como no passado, eles talvez ainda desejem montanhas.

APRISIONADOS PELO GELO

Ao longo das costas setentrionais da Rússia, alguns portos frequentemente congelam durante o inverno, aprisionando embarcações no gelo espesso. Vladivostok, o maior porto russo no oceano Pacífico, pode ficar bloqueado pelo gelo durante vários meses do ano. A viagem por mar é muito importante: para ser uma potência global, a Rússia precisa ser capaz de deslocar sua marinha livremente. Viajar por mar é útil também para o comércio: é muito mais barato transportar mercadorias por água que por terra ou ar. Por conta disso, a Rússia sempre desejou ter um porto em algum lugar no sul, onde as águas não congelam, o que lhe daria acesso ao oceano aberto durante o ano todo.

Por muitos anos, a Rússia manteve parte de sua
marinha em Sebastopol, na Crimeia, Ucrânia.
É um porto de águas mornas no mar Negro, de
onde os navios podem viajar pelo Mediterrâneo
até o oceano Atlântico. Ucrânia e Rússia
tinham uma relação amistosa, mas em 2014
a Ucrânia quis assinar acordos com a União
Europeia. A Rússia não gostou e assumiu
o controle da Crimeia, mantendo seu único
porto de águas mornas.

RIQUEZAS DA RÚSSIA

A geografia da Rússia proporciona ao país alguns benefícios: é rico em recursos naturais, tais como petróleo e gás. A paisagem da Sibéria e do Extremo Oriente Russo pode ser inóspita, mas essa é a arca do tesouro do país, onde está a maior parte de seu petróleo e gás. A Rússia é o segundo maior fornecedor de gás natural no mundo, atrás dos EUA. Com suas longas tubulações, fornece mais de um quarto do petróleo e do gás da Europa, o que lhe traz riqueza e poder.

A GUERRA FRIA

Depois da Segunda Guerra Mundial, a Rússia (então chamada União Soviética) controlava quase toda a Europa oriental e era muito poderosa. Seu único verdadeiro rival eram os EUA. Vivia sob um sistema político novo chamado comunismo, de que muitos países não gostavam. Isso levou à Guerra Fria, com EUA e Europa ocidental de um lado e URSS do outro. Hostis, os dois lados temiam um ataque, mas nunca chegaram realmente a entrar em guerra um com o outro.

Quando a URSS ruiu em 1991, os países da Europa oriental se libertaram da Rússia. Muitos tinham sofrido sob o regime soviético e queriam construir laços mais estreitos com o Ocidente. Hoje, ainda preocupada pela proximidade que os antigos inimigos têm de suas fronteiras, a Rússia continua a influenciar os países vizinhos através do fornecimento de gás e petróleo baratos.

CHAVE

GÁS

PETRÓLEO

PORCENTAGEM DE SUPRIMENTOS DE GÁS IMPORTADOS DA RÚSSIA (2018)

GASODUTO

Países mais próximos da Rússia tendem a depender mais de suas provisões de petróleo e gás. Isso pode ser usado como moeda de troca, pois os que têm boas relações com a Rússia pagarão menos por sua energia. Por exemplo, a Finlândia dispõe de um acordo melhor que os países bálticos (Estônia, Letônia e Lituânia).

Se usa energia russa, um país deve tomar cuidado para não ofendê-la e ter o fornecimento cortado. Letônia, Eslováquia, Finlândia e Estônia são 100% dependentes, ao passo que a Alemanha obtém cerca da metade de seu gás da Rússia.

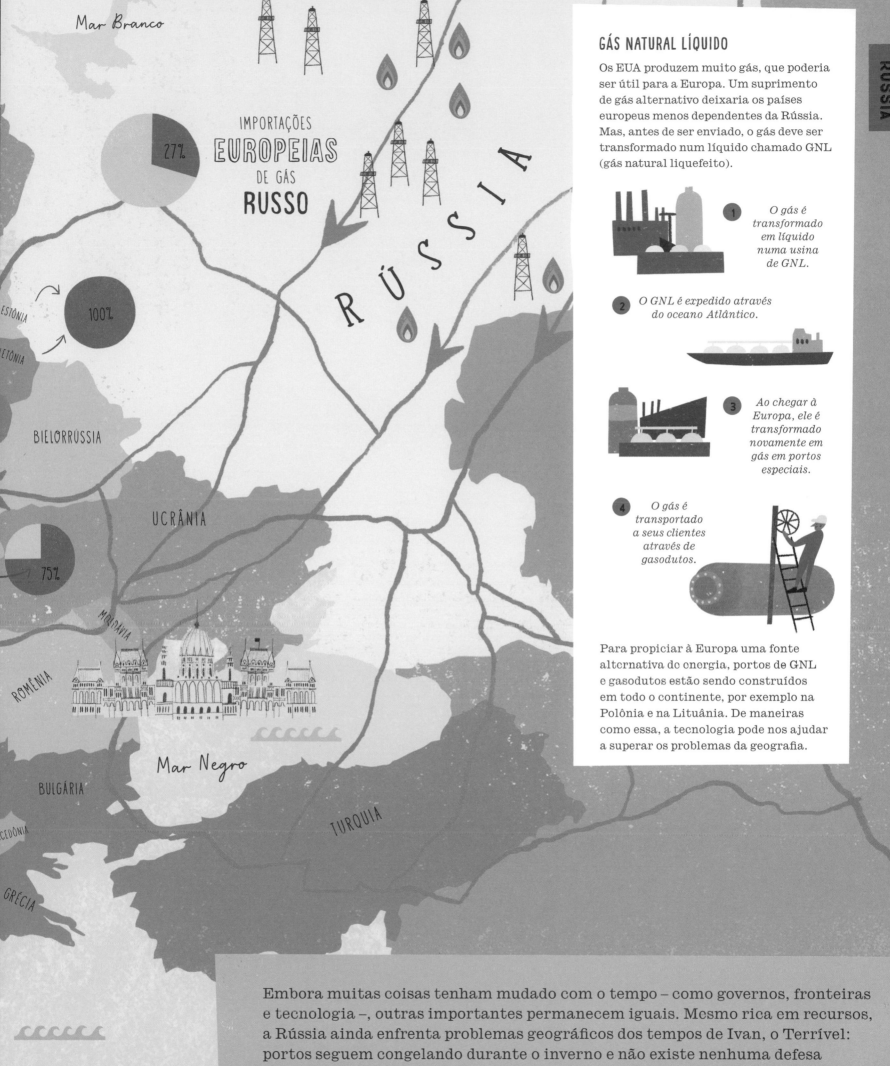

Mar Branco

IMPORTAÇÕES
EUROPEIAS
DE GÁS
RUSSO

27%

100%

75%

ESTÔNIA

LETÔNIA

BIELORRÚSSIA

UCRÂNIA

MOLDÁVIA

ROMÊNIA

Mar Negro

BULGÁRIA

MACEDÔNIA

GRÉCIA

TURQUIA

RÚSSIA

GÁS NATURAL LÍQUIDO

Os EUA produzem muito gás, que poderia ser útil para a Europa. Um suprimento de gás alternativo deixaria os países europeus menos dependentes da Rússia. Mas, antes de ser enviado, o gás deve ser transformado num líquido chamado GNL (gás natural liquefeito).

1. *O gás é transformado em líquido numa usina de GNL.*

2. *O GNL é expedido através do oceano Atlântico.*

3. *Ao chegar à Europa, ele é transformado novamente em gás em portos especiais.*

4. *O gás é transportado a seus clientes através de gasodutos.*

Para propiciar à Europa uma fonte alternativa de energia, portos de GNL e gasodutos estão sendo construídos em todo o continente, por exemplo na Polônia e na Lituânia. De maneiras como essa, a tecnologia pode nos ajudar a superar os problemas da geografia.

Embora muitas coisas tenham mudado com o tempo – como governos, fronteiras e tecnologia –, outras importantes permanecem iguais. Mesmo rica em recursos, a Rússia ainda enfrenta problemas geográficos dos tempos de Ivan, o Terrível: portos seguem congelando durante o inverno e não existe nenhuma defesa natural na Planície do Norte da Europa.

CHINA: A GEOGRAFIA

As fronteiras da China são bem protegidas por defesas naturais: no norte está o inóspito deserto de Gobi, a oeste situa-se o terreno montanhoso dos poderosos Himalaias e a sudoeste, ao longo da fronteira com Mianmar, por exemplo, há densa selva. Mas até recentemente a China não tinha uma marinha forte para proteger seu litoral.

Por muitos séculos a antiga Rota da Seda foi uma importante rota comercial terrestre entre a China e o resto do mundo. Hoje, a China quer reviver essa rota comercial terrestre e desenvolver novas rotas marítimas.

SUPERAÇÃO DA GEOGRAFIA

A China tem muitas defesas naturais, mas também desafios. Em seus primórdios, superou algumas dessas dificuldades usando estruturas feitas pelo homem para ajudar a defender e unir seu território.

A GRANDE MURALHA DA CHINA

Construída ao longo de muitos séculos, essa enorme estrutura foi erguida para proteger o país de invasores. As seções mais antigas datam de 2.500 anos. Com 21 mil quilômetros, a Grande Muralha é a mais longa estrutura feita pelo homem na Terra.

O GRANDE CANAL

Já o Grande Canal é a mais longa via navegável feita pelo homem no mundo. Tem 1.794 quilômetros de extensão e foi construído em seções ao longo de centenas de anos, começando no século V a.C. Ele ajudou a unir o norte e o sul da China, ligando o rio Amarelo ao Yangtzé e permitindo o comércio fluvial.

CAZAQUISTÃO

MONGÓLIA

QUIRGUISTÃO

A região de Xinjiang abrange 1,6 milhão de quilômetros quadrados: seria possível pôr dentro dela Reino Unido, França, Alemanha, Áustria, Suíça, Holanda e Bélgica, e ainda haveria lugar para Luxemburgo e Liechtenstein!

TADJIQUISTÃO

Deserto de Taklamakan

PAQUISTÃO

XINJIANG

CHINA

Caracórum

Kunlun

PLANALTO DO TIBETE

Himalaias

LHASA

A viagem de trem de Lhasa a Pequim leva três dias, sendo feita numa altitude média de 3.379 metros. O ponto mais alto tem 5.072 metros, uma altura 15 vezes maior que a da Torre Eiffel!

NEPAL

BUTÃO

Os Himalaias se estendem por todo o comprimento da fronteira entre a China e a Índia, proporcionando uma útil defesa.

BANGLADESH

MIANMAR

ÍNDIA

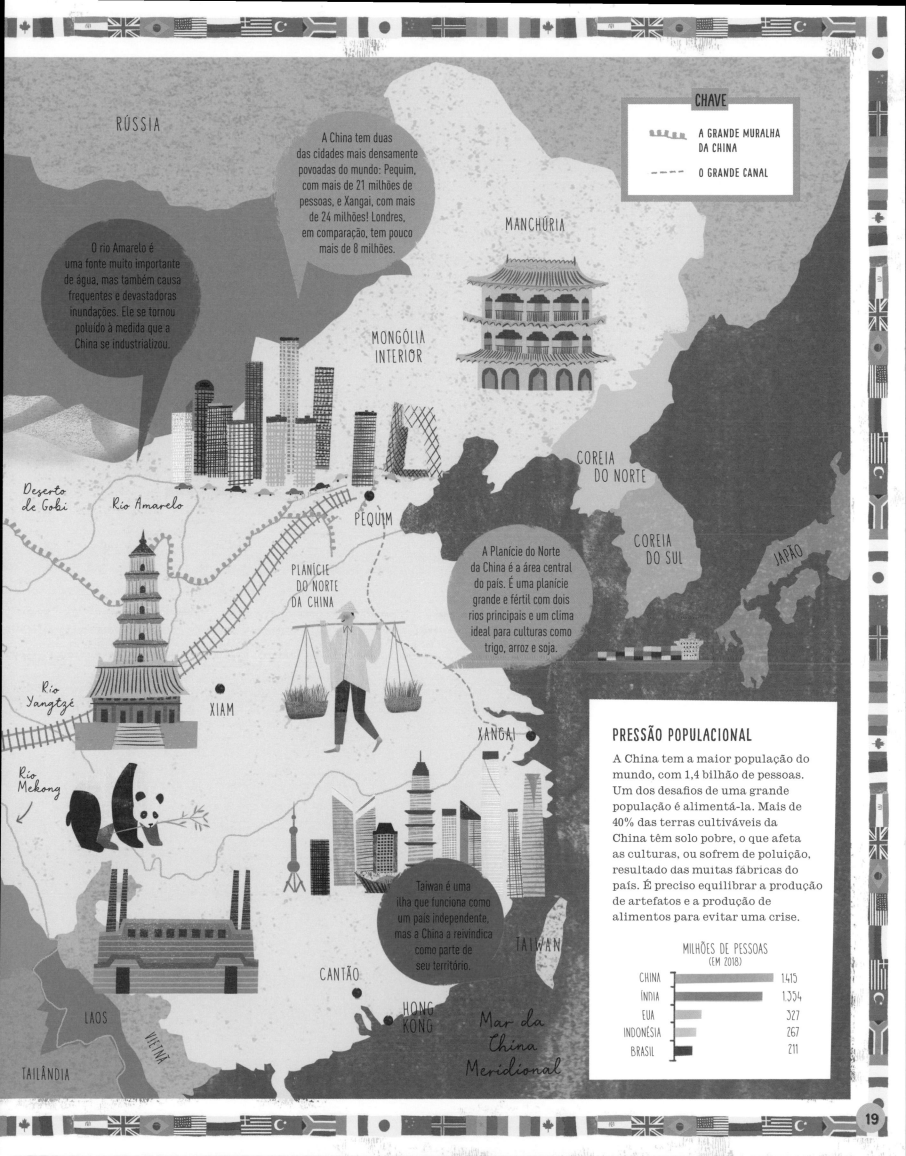

RÚSSIA

MANCHÚRIA

CHAVE

🟤🟤🟤🟤🟤 A GRANDE MURALHA DA CHINA

- - - - - O GRANDE CANAL

A China tem duas das cidades mais densamente povoadas do mundo: Pequim, com mais de 21 milhões de pessoas, e Xangai, com mais de 24 milhões! Londres, em comparação, tem pouco mais de 8 milhões.

O rio Amarelo é uma fonte muito importante de água, mas também causa frequentes e devastadoras inundações. Ele se tornou poluído à medida que a China se industrializou.

MONGÓLIA INTERIOR

Deserto de Gobi

Rio Amarelo

PEQUIM

PLANÍCIE DO NORTE DA CHINA

A Planície do Norte da China é a área central do país. É uma planície grande e fértil com dois rios principais e um clima ideal para culturas como trigo, arroz e soja.

COREIA DO NORTE

COREIA DO SUL

JAPÃO

Rio Yangtzé

XIAM

XANGAI

Rio Mekong

Taiwan é uma ilha que funciona como um país independente, mas a China a reivindica como parte de seu território.

TAIWAN

CANTÃO

LAOS

HONG KONG

VIETNÃ

Mar da China Meridional

TAILÂNDIA

PRESSÃO POPULACIONAL

A China tem a maior população do mundo, com 1,4 bilhão de pessoas. Um dos desafios de uma grande população é alimentá-la. Mais de 40% das terras cultiváveis da China têm solo pobre, o que afeta as culturas, ou sofrem de poluição, resultado das muitas fábricas do país. É preciso equilibrar a produção de artefatos e a produção de alimentos para evitar uma crise.

MILHÕES DE PESSOAS
(EM 2018)

CHINA	1.415
ÍNDIA	1.354
EUA	327
INDONÉSIA	267
BRASIL	211

CONSTRUINDO UMA NAÇÃO

Hoje, a China é um dos países mais poderosos do mundo, e seu poder continua crescendo. Uma chave para o seu sucesso foi ter sido capaz de unir uma enorme extensão de terra e proteger suas fronteiras por meio de defesas naturais. Como os russos, os chineses usaram o ataque enquanto defesa para expandir e proteger barreiras naturais, como o planalto do Tibete e os Himalaias.

1 A Planície do Norte da China é a zona central do país: o local de nascimento da civilização chinesa cerca de 4 mil anos atrás. Foi aqui que o povo chinês aprendeu a cultivar a terra e a fabricar papel e pólvora.

2 A fértil Planície do Norte da China tem dois rios e um clima que permite que o arroz e a soja sejam colhidos duas vezes por ano, o que ajudou a população a crescer rapidamente. Foi onde viveu um grupo de pessoas conhecidas como os han.

3 Cerca de 3.500 anos atrás, a dinastia Shang governou a região. Nessa época, o povo han sentiu-se ameaçado pelas tribos vizinhas. Para proteger seu estilo de vida agrícola, eles começaram a expandir seu território para as defesas naturais mais próximas, construindo uma zona de proteção em torno da área central.

4 No fim do Império Tang, pouco mais de mil anos atrás, a China tinha se expandido para o norte até as savanas da Ásia central e para o sul até o mar da China meridional. Tinha até começado a avançar para o oeste, em direção ao Tibete.

5 Os chineses sofreram várias invasões. Entre os séculos XI e XIII, ondas de guerreiros a cavalo chegaram de repente da Mongólia, no norte. Em 1279, os mongóis derrotaram os chineses e estabeleceram sua própria dinastia: os Yuan.

6 No século XVII, os manchus atacaram a partir da região setentrional da Manchúria. Assim como os mongóis, eles eram vistos pelos chineses como um grupo de "bárbaros" vindos do norte.

7 A grande invasão seguinte ocorreu no século XIX, com a chegada das potências europeias. Houve uma série de batalhas com os britânicos e os franceses, conhecidas como Guerras do Ópio, e os chineses foram forçados a ceder importantes extensões de terra.

8 No século XX, os japoneses quiseram expandir seu território. Eles atacaram a China duas vezes: em 1931 e novamente em 1937, após o que ocuparam a maior parte da zona central, bem como a Manchúria e a Mongólia Interior. Partiram depois da derrota no fim da Segunda Guerra Mundial, deixando os chineses ávidos por assegurar que nunca mais seriam invadidos.

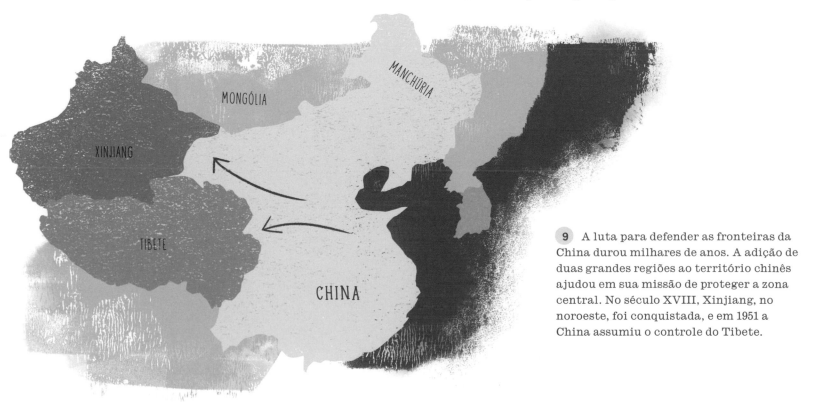

MANCHÚRIA

MONGÓLIA

XINJIANG

TIBETE

CHINA

9 A luta para defender as fronteiras da China durou milhares de anos. A adição de duas grandes regiões ao território chinês ajudou em sua missão de proteger a zona central. No século XVIII, Xinjiang, no noroeste, foi conquistada, e em 1951 a China assumiu o controle do Tibete.

POR QUE O TIBETE É TÃO IMPORTANTE?

A região do Tibete é muito importante para a China. Uma das razões para isso é que ela está situada ao lado do poderoso vizinho da China, a Índia. Os Himalaias se estendem por toda a fronteira sino-indiana. Eles são a versão da Grande Muralha feita pela natureza, separando esses dois países e tornando difícil que um ataque o outro. Sem o Tibete, a China não estaria protegida dessa maneira. Outra razão pela qual o Tibete é importante é que nele estão as nascentes dos grandes rios da China: o Amarelo, o Yangtzé e o Mekong.

Se a China não controlasse o Tibete, seria sempre possível que a Índia tentasse fazê-lo. Isso daria aos indianos a vantagem do terreno mais elevado – o planalto do Tibete – como uma base para abrir caminho rumo à zona central chinesa. Daria também o controle sobre o abastecimento de água para os três rios chineses vitais. Para a China, não importa se a Índia realmente *quer* isso. O fato é que, se a Índia controlasse o Tibete, teria poder para tanto – e esse é um risco grande demais para a China correr.

Muitos no Tibete querem a independência, mas é improvável que isso aconteça pela importância da região para a segurança chinesa. Para fortalecer seu controle sobre o Tibete, a China investe em desenvolvimento, construindo estradas e ferrovias – um desafio incrível num terreno tão frio e montanhoso. Além de mercadorias e serviços, milhões de chineses han se mudaram para lá. Se a população han aumentar, excederá em número os tibetanos que ainda querem a independência.

DOMINANDO AS ONDAS

A China nunca foi uma grande potência naval – com vasta extensão de terras e rotas marítimas curtas para o comércio, não precisava ser. Mas agora é a maior fabricante do planeta e vende mercadorias no mundo todo. Ela necessita acesso a vias de navegação globais para distribuir seus produtos e receber os materiais de que precisa para fabricá-los – como petróleo, gás e metais preciosos.

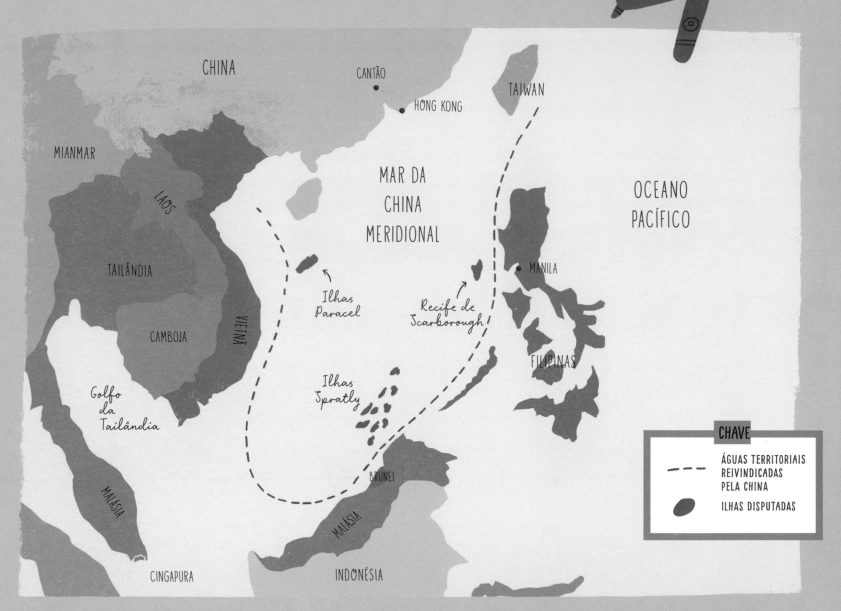

CHINA

CANTÃO

HONG KONG

TAIWAN

MIANMAR

LAOS

MAR DA CHINA MERIDIONAL

OCEANO PACÍFICO

TAILÂNDIA

VIETNÃ

Ilhas Paracel

Recife de Scarborough

MANILA

CAMBOJA

FILIPINAS

Golfo da Tailândia

Ilhas Spratly

MALÁSIA

BRUNEI

MALÁSIA

CINGAPURA

INDONÉSIA

CHAVE

- - - ÁGUAS TERRITORIAIS REIVINDICADAS PELA CHINA

⬬ ILHAS DISPUTADAS

Para chegar ao mar aberto, os navios têm que passar pelo mar da China meridional, contornando várias ilhas. Em tempo de paz essas rotas estão livres, mas poderiam facilmente ser bloqueadas numa guerra, o que causaria terríveis problemas para a China. Para assegurar que isso jamais aconteça, ela reivindica controle sobre boa parte do mar da China meridional, suas ilhas e recifes, além dos recursos naturais e fontes de energia em torno deles.

Mas os vizinhos da China, entre os quais a Malásia, Taiwan, o Vietnã e as Filipinas, veem as coisas de maneira diferente; por isso, há muitas disputas complexas de território nessa área. Para fazer valer o seu direito, a China começou a construir em muitas ilhas e recifes. Fiery Cross, nas ilhas Spratly, era outrora meramente um recife de coral e uma massa de rochas – agora, tem um porto e uma pista para caças.

24

UMA FORÇA NAVAL

Para ser uma potência naval, é preciso ter navios. A China está no meio de um grande programa de construção de navios. Levará algum tempo até que a marinha chinesa seja poderosa o suficiente para rivalizar com a dos EUA, que patrulha a área para monitorar as rotas de navegação mundiais. Mas ela tem mais navios do que nunca e segue construindo.

A China levou mais de 4 mil anos expandindo seu território para proteger suas fronteiras com defesas naturais. Agora, é um dos países mais poderosos do planeta e quer resguardar seus interesses. Controlar os mares é decisivo tanto para seu comércio quanto para suas reivindicações territoriais, por isso continuará construindo sua marinha e ampliando seu poder.

O que é tão fantástico sobre os Estados Unidos? A localização. Se você ganhasse na loteria e quisesse comprar um país para viver, o primeiro que o corretor imobiliário lhe mostraria seriam os EUA: ficam num bairro incrível, o sistema de transporte é excelente, as vistas são maravilhosas e há atrações aquáticas espetaculares. Eles realmente se beneficiam de sua geografia. São um dos maiores países do mundo em população e área, e são ricos em recursos naturais.

SEM CHANCE PARA INVASÃO

É quase impossível invadir e conquistar os EUA, em parte porque o país é muito grande. Uma das chaves de seu sucesso é controlar a terra de costa a costa. Ele está cercado pelo oceano a leste e oeste. Ao norte, é protegido pelo gélido Escudo Canadense e ao sul, por uma série de desertos.

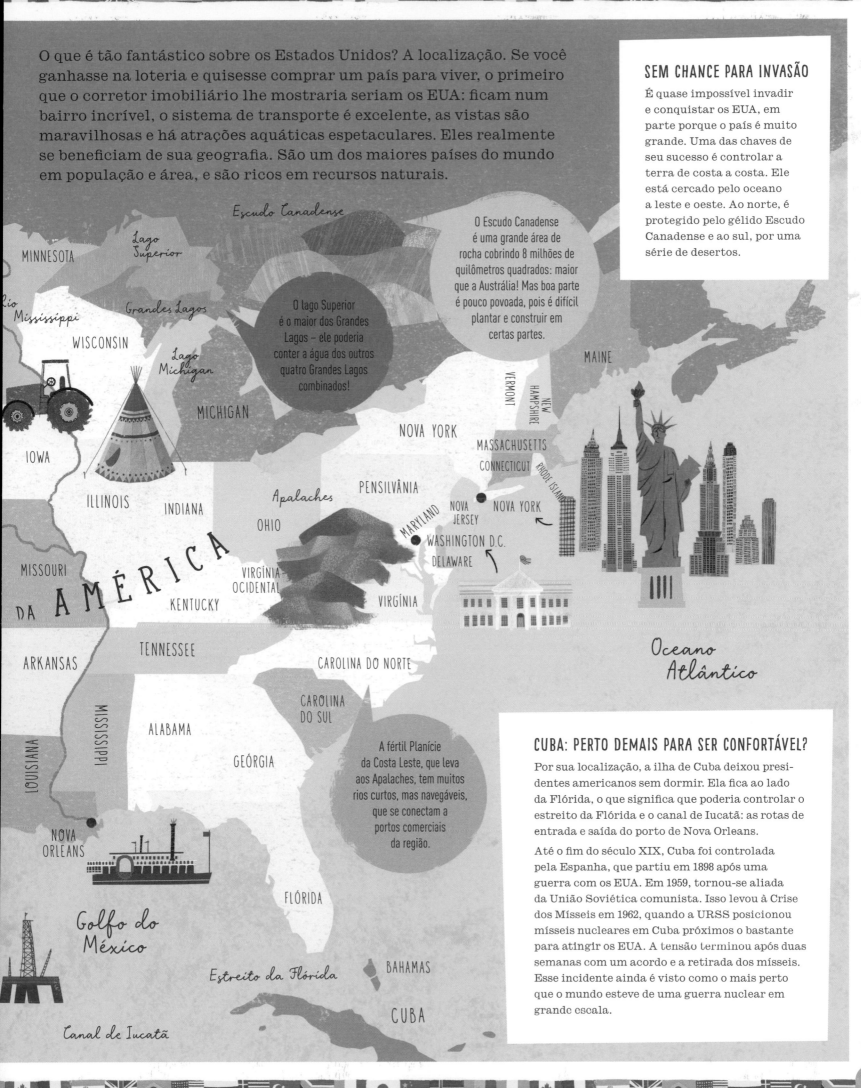

Escudo Canadense

MINNESOTA

Lago Superior

Rio Mississippi

Grandes Lagos

WISCONSIN

Lago Michigan

MICHIGAN

IOWA

ILLINOIS

INDIANA

OHIO

MISSOURI

DA AMÉRICA

KENTUCKY

VIRGÍNIA OCIDENTAL

Apalaches

ARKANSAS

TENNESSEE

MISSISSIPPI

ALABAMA

LOUISIANA

GEÓRGIA

NOVA ORLEANS

FLÓRIDA

Golfo do México

Estreito da Flórida

Canal de Iucatã

BAHAMAS

CUBA

O Escudo Canadense é uma grande área de rocha cobrindo 8 milhões de quilômetros quadrados: maior que a Austrália! Mas boa parte é pouco povoada, pois é difícil plantar e construir em certas partes.

O lago Superior é o maior dos Grandes Lagos – ele poderia conter a água dos outros quatro Grandes Lagos combinados!

MAINE

VERMONT

NEW HAMPSHIRE

NOVA YORK

MASSACHUSETTS

CONNECTICUT

RHODE ISLAND

PENSILVÂNIA

MARYLAND

NOVA JERSEY

NOVA YORK

WASHINGTON D.C.

DELAWARE

VIRGÍNIA

CAROLINA DO NORTE

CAROLINA DO SUL

Oceano Atlântico

A fértil Planície da Costa Leste, que leva aos Apalaches, tem muitos rios curtos, mas navegáveis, que se conectam a portos comerciais da região.

CUBA: PERTO DEMAIS PARA SER CONFORTÁVEL?

Por sua localização, a ilha de Cuba deixou presidentes americanos sem dormir. Ela fica ao lado da Flórida, o que significa que poderia controlar o estreito da Flórida e o canal de Iucatã: as rotas de entrada e saída do porto de Nova Orleans.

Até o fim do século XIX, Cuba foi controlada pela Espanha, que partiu em 1898 após uma guerra com os EUA. Em 1959, tornou-se aliada da União Soviética comunista. Isso levou à Crise dos Mísseis em 1962, quando a URSS posicionou mísseis nucleares em Cuba próximos o bastante para atingir os EUA. A tensão terminou após duas semanas com um acordo e a retirada dos mísseis. Esse incidente ainda é visto como o mais perto que o mundo esteve de uma guerra nuclear em grande escala.

DE COSTA A COSTA

Os EUA são o país mais poderoso do mundo. Parte de sua força se deve ao fato de serem unificados, de costa a costa. Isso foi alcançado de modo incrivelmente rápido, considerando que o país se estende por 4.500 quilômetros. Então, como conseguiram?

1 Os europeus começaram a chegar à América do Norte no início do século XVII. A primeira colônia foi fundada em Jamestown, Virgínia, em 1607. Os europeus formaram 13 colônias, que eram governadas pela Grã-Bretanha, mas não avançaram na direção oeste além dos Apalaches.

2 Os colonos não foram os primeiros na América do Norte. Americanos nativos viviam ali há milhares de anos antes que os europeus chegassem. Muitos foram mortos em guerras com os colonos e por doenças que estes trouxeram consigo. À medida que se expandiram a oeste, os europeus tomaram bilhões de hectares de terra dos povos nativos.

3 Entre 1775 e 1783, os colonos americanos travaram a Guerra Revolucionária contra a Grã-Bretanha, assinando a Declaração de Independência em 4 de julho de 1776. O grande exército britânico era maior, mas os rebeldes venceram por seu conhecimento da terra, pela tática e porque a Grã-Bretanha estava em guerra também na Europa, o que a enfraquecia.

4 Agora os EUA detinham todo o território até o Mississippi. Mas a oeste do rio a terra pertencia aos franceses, o que significava que eles controlavam as rotas comerciais que partiam do golfo do México, bem como o vasto território a oeste no que é hoje a zona central americana.

5 Em 1803, os EUA compraram o território da Louisiana da França, que precisava financiar suas guerras na Europa. Por 15 milhões de dólares (ou 300 milhões em valores de hoje), os EUA duplicaram seu tamanho, com terra fértil e adequada para o cultivo de açúcar, algodão e tabaco.

6 Quando o presidente Thomas Jefferson assinou o acordo da compra da Louisiana, os EUA também obtiveram a rede fluvial decisiva na bacia do Mississippi. Mas, com muito mais fazendas criadas na nova terra, houve um enorme aumento no número de escravos forçados a trabalhar nelas.

7 A Espanha também possuía terras na América do Norte, mas gastara seus recursos em guerras na Europa. Em 1819, assinou um tratado dando aos EUA controle sobre a Flórida e terras no oeste (Oregon Country). Os EUA tinham chegado ao oceano Pacífico.

8 A Espanha ainda tinha muito terreno no sudoeste, mas em 1821 o México tornou-se independente dela e assumiu o controle das terras da Califórnia atual até o Texas. Agora os EUA tinham um vizinho poderoso com fronteira a apenas 300 quilômetros do crucial porto de Nova Orleans.

9 Os EUA estimularam seu povo a morar no Texas, embora ele fizesse parte do México. Por fim, os colonos se tornaram mais numerosos que os mexicanos, expulsos após a Revolução do Texas de 1835, e este uniu-se aos EUA em 1845. Com a vitória na Guerra Mexicano-Americana (1846-48), os EUA assumiram o território que hoje constitui a Califórnia, o Novo México, o Arizona, Nevada, Utah e o Colorado.

10 Os EUA possuíam agora um enorme território, que se estendia por todo o continente, do Atlântico até o Pacífico. Mas ainda não estavam unidos. Em 1861, eclodiu a Guerra Civil Americana entre o Norte e o Sul. Uma das principais causas era que o Norte queria proibir a escravidão na nova terra a oeste. A guerra terminou em 1865, quando o Sul se rendeu.

11 Em 1867, o secretário de Estado William Seward comprou o Alasca da Rússia por 7,2 milhões de dólares (ou 125 milhões de dólares em valores de hoje). Foi acusado de comprar apenas neve, e a compra ficou conhecida como "a Geladeira de Seward". Mas então grandes depósitos de ouro foram descobertos, além de reservas de petróleo, e não pareceu mais um negócio tão ruim.

12 Em 1898, os EUA venceram a Espanha em uma guerra e ganharam vários territórios pelo mundo, inclusive Cuba, Porto Rico, Guam, Filipinas e outras ilhas. No mesmo ano, assumiram o Havaí, que protegia a aproximação de suas costas ocidentais. As fronteiras dos EUA estavam agora realmente muito seguras.

PODEROSO MISSISSIPPI

Adquirir o controle sobre a bacia do Mississippi foi um dos passos decisivos na trajetória dos EUA para a grandeza. Essa enorme bacia fluvial tem mais quilômetros de vias navegáveis capazes de transportar grandes navios que o resto do mundo somado. Em alguns países, os rios nascem em terreno muito elevado e descem para o mar numa série de quedas-d'água que tornam o comércio e o transporte difíceis. Mas as águas do Mississippi correm suavemente por vastas distâncias até o oceano. Os rios da bacia do Mississippi conectaram as partes setentrional e meridional do país, o que ajudou a unir a nação.

Ao longo da história dos EUA, essa rede fluvial foi vital para o comércio, pois transportar mercadorias por água é muito mais barato que por estradas. À medida que o comércio aumentou, o porto de Nova Orleans cresceu em tamanho e importância.

A BACIA DO MISSISSIPPI

Todos os rios da bacia correm para o Mississippi, que começa perto de Mineápolis e percorre 3.700 quilômetros até Nova Orleans, no golfo do México.

Grande parte da história do rio Mississippi está ligada à escravidão nos EUA. Entre os séculos XVII e XIX, milhões de escravos foram trazidos da África em condições terríveis. Os que foram levados para os EUA se viram forçados a trabalhar sobretudo em plantações de algodão e açúcar nos estados do sudeste. Esses produtos eram expedidos ao longo do rio por barcos a vapor para serem vendidos.

SUPERPOTÊNCIA GLOBAL

GROENLÂNDIA
Thule

GRÃ-BRETANHA
RAF Lakenheath
RAF Mildenhall

AÇORES
(PORTUGAL)
Base Aérea das Lajes

Seguros em suas fronteiras, os Estados Unidos se voltaram para os mares, construindo sua marinha. Em 1907, exibiram sua força navegando 16 couraçados ao redor do mundo. Hoje, são uma superpotência global. Há duas maneiras de se olhar para o território americano: uma é o mapa do país; a segunda é o mapa de suas bases militares em todo o planeta, mostrando seu poder global. Elas significam que os EUA podem facilmente se engajar em alianças, disputas e conflitos muito longe de suas fronteiras.

COMO SE TORNAR UMA SUPERPOTÊNCIA?

1 BASES PARA COURAÇADOS

Foi na Segunda Guerra Mundial que os EUA começaram de fato a expandir sua força. Como potência naval, a Grã-Bretanha tinha bases ao redor do mundo e em 1940 estava desesperada por navios de guerra. Os EUA tinham 50 navios sobressalentes, que trocaram por algumas dessas bases.

2 PODER NO PACÍFICO

Após a Segunda Guerra Mundial, os EUA eram a última grande potência em pé. Os europeus estavam exaustos e suas cidades e economias em ruínas; os japoneses, esmagados; os chineses, devastados e em guerra uns com os outros. Como país mais poderoso, os EUA agora queriam controlar as rotas marítimas do mundo, para manter a paz e vender suas mercadorias no exterior. Eles começaram a construir bases militares por todo o Pacífico, até a ilha japonesa de Okinawa, no mar da China oriental.

3 DOMÍNIO SOBRE A OTAN

Em 1949, foi criada a Organização do Tratado do Atlântico Norte (Otan): uma aliança entre países norte-americanos e europeus. O comandante militar da Otan é sempre um americano, porque os EUA fornecem de longe o maior poder de fogo. Vários países europeus, entre os quais Islândia, Noruega, Grã-Bretanha e Itália, concederam aos Estados Unidos acesso e direitos sobre suas bases militares. Isso permitiu que os americanos dominassem o Atlântico Norte e o Mediterrâneo, bem como o Pacífico.

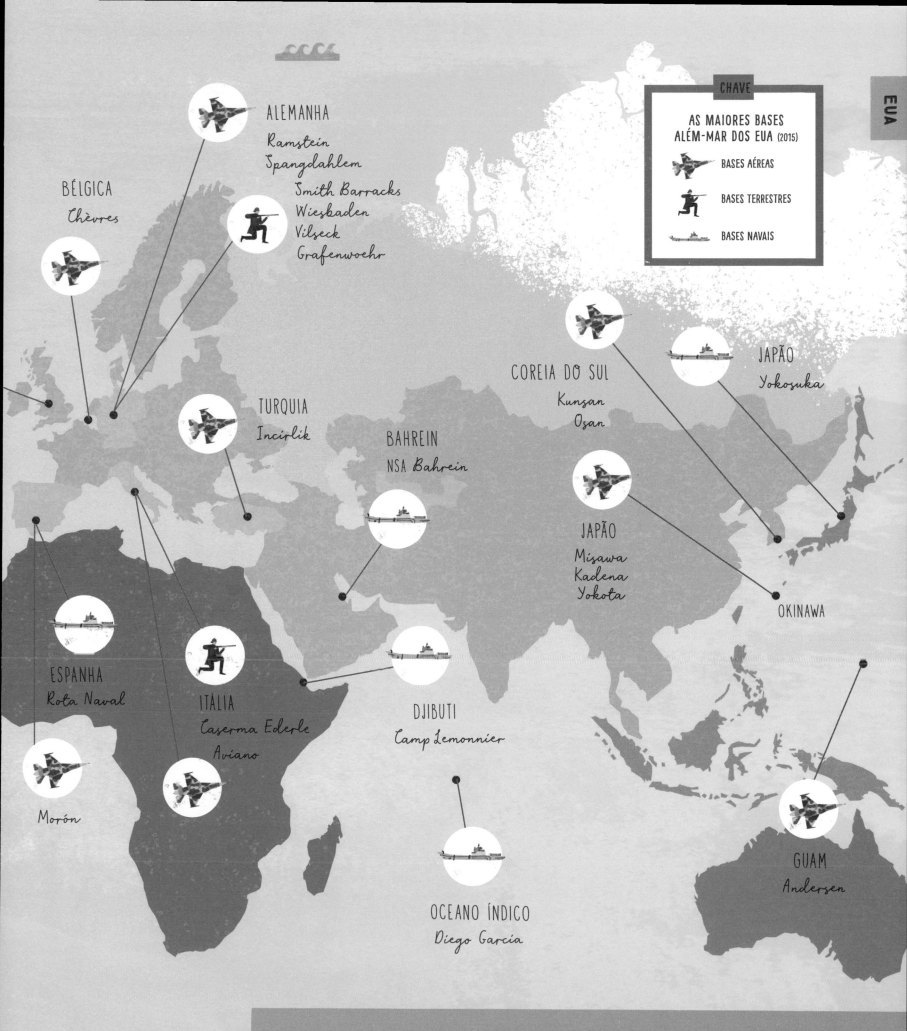

CHAVE

AS MAIORES BASES
ALÉM-MAR DOS EUA (2015)

BASES AÉREAS

BASES TERRESTRES

BASES NAVAIS

ALEMANHA
Ramstein
Spangdahlem
Smith Barracks
Wiesbaden
Vilseck
Grafenwoehr

BÉLGICA
Chèvres

TURQUIA
Incirlik

BAHREIN
NSA Bahrein

COREIA DO SUL
Kunsan
Osan

JAPÃO
Yokosuka

JAPÃO
Misawa
Kadena
Yokota

OKINAWA

ESPANHA
Rota Naval

ITÁLIA
Caserma Ederle
Aviano

DJIBUTI
Camp Lemonnier

Morón

OCEANO ÍNDICO
Diego Garcia

GUAM
Andersen

Há poucas ameaças de peso ao domínio dos EUA. A China é a potência que cresce mais rápido no mundo, por isso os EUA estão observando de perto e gastando muito tempo e dinheiro na Ásia oriental para proteger sua posição. Mas, por ora, o país mais abençoado pela geografia ainda é a superpotência global.

CANADÁ: A GEOGRAFIA

Uma das características essenciais da geografia do Canadá é o Escudo Canadense: uma vasta área rochosa que cobre grande parte do país. É difícil cultivar a terra ou alimentar o gado em muitas partes do Escudo, sobretudo considerando o gélido inverno canadense. O Canadá tem uma população pequena em relação a seu tamanho, porque grande parte de seu enorme território é inabitável.

Oceano Ártico

A Passagem Noroeste é uma rota marítima no Ártico que conecta o oceano Atlântico com o Pacífico. O Canadá sustenta que essa rota passa por suas próprias águas. Contudo, à medida que o gelo no Ártico derreter e a travessia de navios se tornar mais fácil, outros países também vão querer usá-la.

Mar de Beaufort

ALASCA (EUA)

YUKON

Rio Mackenzie

Rio Yukon

Os invernos no Canadá costumam ser de um frio cortante. A menor temperatura já registrada na América do Norte foi de −63°C, em Yukon, território no noroeste do Canadá, em 1947. Nessas condições, a respiração das pessoas congela imediatamente, caindo no chão como cristais de gelo.

Grande Lago do Urso

Grande Lago do Escravo

TERRITÓRIOS DO NOROESTE

NUNAVUT

Há dez tipos diferentes de bordos do Canadá, e a folha da árvore é um símbolo da beleza natural do país. Ela figura até na bandeira nacional.

ALBERTA

COLÚMBIA BRITÂNICA

Oceano Pacífico

C A N A D Á

Montanhas Rochosas

EDMONTON

Rio Nelson

VANCOUVER

CALGARY

SASKATCHEWAN

Lago Winnipeg

O ESCUDO CANADENSE

O Escudo Canadense é uma enorme área de rocha, sobretudo vulcânica, com uma fina camada de solo. Cobre quase metade do país, indo dos Grandes Lagos na fronteira com os Estados Unidos até o oceano Ártico.

ESCUDO CANADENSE

Graças ao tamanho e ao terreno complicado do Canadá, seria difícil que outro país o invadisse. Ele é protegido pelo oceano Atlântico a leste, o Pacífico a oeste e o Ártico ao norte, tendo os Estados Unidos, seus aliados, ao sul.

MANITOBA

Os EUA são o maior parceiro comercial do Canadá. Os dois países não concordam em tudo, mas são aliados íntimos, porque seus interesses econômicos e militares estão muito fortemente alinhados.

ESTADOS UNIDOS DA AMÉRICA

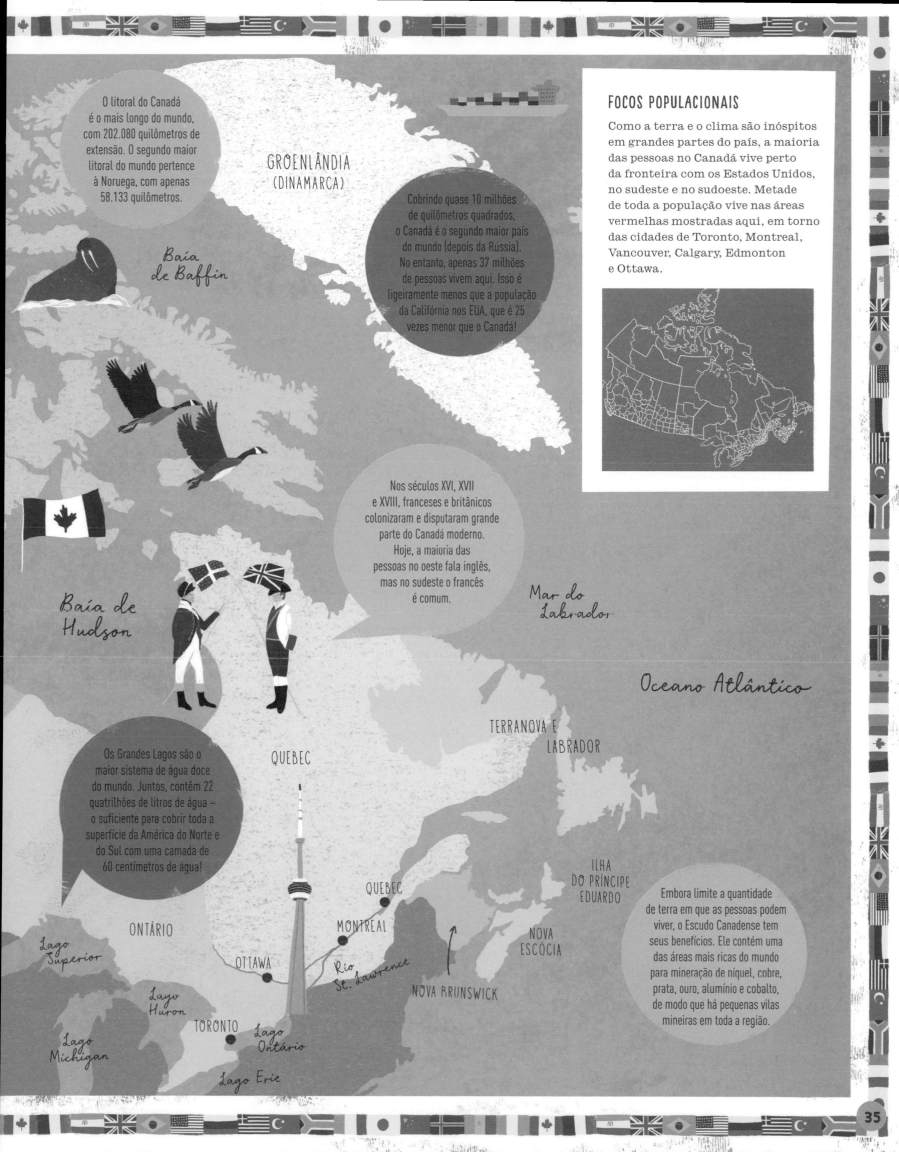

O litoral do Canadá é o mais longo do mundo, com 202.080 quilômetros de extensão. O segundo maior litoral do mundo pertence à Noruega, com apenas 58.133 quilômetros.

GROENLÂNDIA
(DINAMARCA)

Baía de Baffin

Cobrindo quase 10 milhões de quilômetros quadrados, o Canadá é o segundo maior país do mundo (depois da Rússia). No entanto, apenas 37 milhões de pessoas vivem aqui. Isso é ligeiramente menos que a população da Califórnia nos EUA, que é 25 vezes menor que o Canadá!

FOCOS POPULACIONAIS

Como a terra e o clima são inóspitos em grandes partes do país, a maioria das pessoas no Canadá vive perto da fronteira com os Estados Unidos, no sudeste e no sudoeste. Metade de toda a população vive nas áreas vermelhas mostradas aqui, em torno das cidades de Toronto, Montreal, Vancouver, Calgary, Edmonton e Ottawa.

Nos séculos XVI, XVII e XVIII, franceses e britânicos colonizaram e disputaram grande parte do Canadá moderno. Hoje, a maioria das pessoas no oeste fala inglês, mas no sudeste o francês é comum.

Baía de Hudson

Mar do Labrador

Oceano Atlântico

TERRANOVA E LABRADOR

Os Grandes Lagos são o maior sistema de água doce do mundo. Juntos, contêm 22 quatrilhões de litros de água – o suficiente para cobrir toda a superfície da América do Norte e do Sul com uma camada de 60 centímetros de água!

QUEBEC

ILHA DO PRÍNCIPE EDUARDO

Embora limite a quantidade de terra em que as pessoas podem viver, o Escudo Canadense tem seus benefícios. Ele contém uma das áreas mais ricas do mundo para mineração de níquel, cobre, prata, ouro, alumínio e cobalto, de modo que há pequenas vilas mineiras em toda a região.

ONTÁRIO

QUEBEC

MONTREAL

NOVA ESCÓCIA

Lago Superior

OTTAWA

Rio St. Lawrence

NOVA BRUNSWICK

Lago Huron

TORONTO

Lago Ontário

Lago Michigan

Lago Erie

EUROPA: A GEOGRAFIA

Muitos dos países mais ricos e bem-sucedidos do mundo encontram-se na Europa. Esse continente foi afortunado com sua geografia, especialmente no oeste e no norte, onde a terra é rica em recursos naturais e o clima perfeito para a agricultura. Não há verdadeiros desertos, somente algumas áreas muito frias no extremo norte, e desastres naturais como terremotos, vulcões e grandes inundações são raros na maior parte das áreas.

A BRECHA GIUK

Ponto relativamente estreito nas rotas marítimas do mundo, a brecha Giuk (sigla em inglês para Groenlândia-Islândia-Reino Unido) é importante por permitir ver quem está indo e vindo, podendo até ser bloqueada numa emergência. Para marinhas do norte europeu, como a russa, a única outra via para o Atlântico é o canal da Mancha, mas este é ainda mais estreito (32 quilômetros de largura no estreito de Dover). O controle da brecha dá vantagem ao Reino Unido.

ISLÂNDIA

Mar da Noruega

Brecha Giuk

NORUEGA

SUÉCIA

Sendo uma nação insular, o Reino Unido está protegido por sua geografia. É próximo o bastante da Europa para fazer comércio, mas afastado o suficiente para ter sido protegido pelo canal da Mancha das guerras e revoluções que se espalharam pelo continente europeu.

DINAMARCA

Mar do Norte

Corrente do Golfo

IRLANDA

REINO UNIDO

LONDRES

Rio Tâmisa

HOLANDA

Rio Reno

Rio Elba

BERLIM

No início da Revolução Industrial (ver p.40), o Reino Unido foi um dos primeiros países a construir grandes fábricas.

Canal da Mancha

BÉLGICA

ALEMANHA

REPÚBLICA TCHECA

LUXEMBURGO

Oceano Atlântico

Rio Sena

A França tem a maior área de terra fértil da Europa ocidental.

PARIS

FRANÇA

A corrente do Golfo traz água morna e clima ameno dos trópicos para a Europa setentrional.

Rio Ródano

SUÍÇA

ÁUSTRIA

ESLOVÊNIA

Pireneus

Rio Pó

Alpes

ESPANHA

PORTUGAL

MADRI

Sistema Central

ITÁLIA

ROMA

A Europa tem muitas costas e enseadas naturais, pontos perfeitos para a construção de grandes portos para o comércio.

Os Alpes são a mais alta e mais longa cadeia de montanhas da Europa, estendendo-se por 1.200 quilômetros através de oito países.

A maioria das universidades mais antigas do mundo encontra-se na Europa, como por exemplo a Universidade de Bolonha, que remonta ao século XI.

Mar Branco

RÚSSIA

FINLÂNDIA

A Europa tem muitos recursos naturais. O carvão e o ferro nos países do noroeste ajudaram a alimentar a Revolução Industrial.

As diferenças climáticas através da Europa afetaram não apenas a agricultura, mas também a maneira como os países nesse continente se desenvolveram e se modernizaram.

Montes Urais

Mar Báltico

ESTÔNIA

LETÔNIA

LITUÂNIA

KALININGRADO (FED. RUS.)

BIELORRÚSSIA

A Planície do Norte da Europa é um corredor plano que se estende desde a França até os montes Urais, na Rússia, passando pela Polônia.

POLÔNIA

Rio Oder

Planície do Norte da Europa

UCRÂNIA

EUROPA

A rede de rios através da Europa é perfeita para o comércio. Na Idade Média, centros comerciais surgiram ao longo de toda a sua extensão. Esses povoamentos tornaram-se algumas das principais cidades de hoje.

NUMEROSAS NAÇÕES

Nos EUA, uma língua e cultura principais se espalharam muito rápido, criando um país gigantesco. Já a Europa está dividida em muitos países – cada um com sua própria língua e cultura – que se desenvolveram por milhares de anos, moldados por barreiras naturais. A França, por exemplo, está cercada pelos Pireneus, os Alpes, o Reno e o oceano Atlântico. Mais a leste, o rio Danúbio cria muitas fronteiras naturais. Com 2.860 quilômetros de comprimento, ele corre através de dez países. Há muitas pequenas nações circundando o rio.

ESLOVÁQUIA

HUNGRIA

MOLDÁVIA

ROMÊNIA

CROÁCIA

BÓSNIA E HERZEGOVINA

SÉRVIA

Cárpatos

Rio Danúbio

Mar Negro

BULGÁRIA

MONTENEGRO

ALBÂNIA

MACEDÔNIA

Cordilheira dos Bálcãs

ISTAMBUL

TURQUIA

IRÃ

GRÉCIA

SÍRIA

IRAQUE

Mar Mediterrâneo

A GEOGRAFIA A FAVOR

Os países do noroeste da Europa foram capazes de se transformar em
nações ricas e bem-sucedidas em parte por causa de sua geografia.
Houve vários fatores que lhes deram uma vantagem.

CLIMA

A Europa ocidental deve agradecer à Corrente do Golfo
por seu clima ameno. Essa corrente oceânica arrasta
água morna do golfo do México através do Atlântico.
O clima da Europa ocidental fornece a quantidade certa
de sol e chuva para produzir colheitas abundantes.
Cria também verões e invernos amenos, de modo que as
pessoas podem trabalhar durante o ano todo. O inverno
não é tão implacavelmente frio como na Rússia, por
exemplo, porém é frio o suficiente para matar muitos
dos germes que afetam outras partes do mundo.

PLANÍCIES LITORÂNEAS

O noroeste da Europa tem grandes áreas de
planícies litorâneas: lugares planos e férteis
perto da costa, perfeitos para a agricultura.
Isso significa que, ao longo de toda a sua
história, a região teve em geral comida
suficiente para alimentar a todos e sustentar
uma população crescente.

RIOS

Os rios da Europa funcionam frequentemente como
fronteiras naturais entre seus países. Eles são em geral
longos e planos, o que os torna facilmente navegáveis,
e muitos levam ao mar. Como é muito mais fácil deslocar
mercadorias por água, os rios europeus foram uma rede
de transporte ideal para um sistema
comercial florescente.

MONTANHAS

Cordilheiras podem também funcionar como
fronteiras naturais entre países, tornando mais
difícil que entrem em guerra uns com os outros.
As antigas tribos da Espanha, por exemplo,
eram impedidas de se deslocar para a França,
ao norte, pelos Pireneus.

RECURSOS NATURAIS

Os países europeus são ricos em vários
recursos naturais, como madeira, carvão
e metais, que eles usaram para construir
suas marinhas e exércitos. Essas matérias-
primas foram muito importantes nos
séculos XVIII e XIX, porque forneceram
combustível para as fábricas e veículos da
Revolução Industrial.

A REVOLUÇÃO INDUSTRIAL

No noroeste da Europa, o fim do século XVIII assistiu ao início da Revolução Industrial: uma época em que descobertas científicas e novas tecnologias mudaram a vida das pessoas. Os trabalhadores começaram a se afastar da zona rural e de um estilo de vida agrário, rumando para as cidades a fim de procurar emprego em novas fábricas. A Revolução Industrial tornou a Europa rica e moldou o mundo moderno... e a geografia do continente ajudou a pô-la em marcha.

1 Muita gente trabalhava nas fazendas. Cultivar alimentos manualmente era um trabalho árduo, sendo necessários muitos trabalhadores para produzir comida suficiente para todos.

2 Graças ao clima, muitas colheitas eram boas. Isso significava que as pessoas tinham comida sobressalente, que podia ser negociada. Pequenos centros comerciais se desenvolveram em vilas e cidades, ligadas pelos rios da Europa.

3 Ter comida suficiente significava que algumas pessoas tinham mais tempo para fazer outras coisas além de cultivar a terra: elas puderam voltar sua atenção para os estudos, para novas ideias e tecnologias.

4 Novas máquinas agrícolas foram inventadas, o que levou a que menos pessoas fossem necessárias para trabalhar na terra e produzir comida.

5 Foram inventadas outras máquinas para ajudar com todo tipo de tarefas. A máquina de fiar hidráulica, por exemplo, podia fiar algodão muito mais depressa do que era possível à mão.

6 As pessoas começaram a se mudar para vilas e cidades para trabalhar nas fábricas que utilizavam e produziam essas novas máquinas. Muitas fábricas eram movidas a carvão, abundante no noroeste da Europa.

7 Os produtos feitos nas fábricas podiam ser comerciados, e assim os países do noroeste da Europa enriqueceram. Isso significou que mais fábricas e máquinas puderam ser construídas, de modo que as vilas e cidades continuaram a crescer.

A DIVISÃO NORTE-SUL

Nem todos os países da Europa se desenvolveram igualmente. O noroeste foi mais rico que o sul e o leste por muitos anos. Os países do noroeste também foram capazes de se industrializar e se modernizar mais cedo do que outras nações em grande parte devido à sua geografia, como vimos. Mas algumas áreas da Europa meridional e da oriental não foram tão afortunadas assim.

SECA

Em algumas partes do sul da Europa, a terra e o clima não são bons para a agricultura. Na Espanha, por exemplo, as planícies costeiras são mais estreitas que no noroeste europeu, o solo é mais pobre e com frequência falta água.

INUNDAÇÕES

As inundações são comuns em algumas áreas, especialmente na Europa oriental em torno da bacia do Danúbio, onde grandes extensões de terras cultiváveis podem ser cobertas e danificadas.

BARREIRAS NATURAIS

Montanhas e terrenos acidentados são barreiras para o comércio. Os Pireneus, por exemplo, tornavam difícil para a Espanha fazer comércio com o resto da Europa. Por isso os comerciantes espanhóis tinham de negociar com os mercados menores de Portugal e do Norte da África.

TRANSPORTE COMPLICADO

Terrenos acidentados também significam rios mais curtos, não tão úteis ao transporte. A Grécia tem muitos penhascos íngremes, no litoral e no interior, e com isso quedas-d'água que dificultam o transporte. Em outros lugares, rios menores podem secar durante os meses de verão.

GUERRA E PAZ

Apesar de suas vantagens geográficas, a Europa tem uma história violenta que remonta aos tempos antigos. Há muitos países, todos competindo por terra, poder e recursos, por isso muitas guerras eclodiram entre nações vizinhas. Um conflito entre a França e a Inglaterra durou tanto tempo (de 1337 a 1453) que se tornou conhecido como Guerra dos Cem Anos.

VIZINHOS HOSTIS

Durante séculos, a França foi o país mais poderoso do continente, mas isso mudou quando os vários pequenos Estados da Alemanha se uniram para formar uma única nação em 1871. Agora havia duas grandes potências fazendo fronteira uma com a outra, e nenhuma confiança mútua entre elas. A Alemanha tinha um problema adicional na forma da gigantesca nação da Rússia a leste. Ela temia ataques de ambos os lados.

Ao longo dos anos, desenvolveram-se várias alianças entre os países da Europa, que concordaram em apoiar uns aos outros em caso de ataque. Assim, quando um conflito de fato ocorreu no início do século XX, todos esses países foram atraídos, o que levou à Primeira Guerra Mundial.

A PRIMEIRA GUERRA MUNDIAL (1914–18)

Esse conflito, que começou na Europa, espalhou-se para outras partes do mundo. Ele foi diferente de guerras anteriores porque novas armas poderosas resultaram numa luta muito destrutiva. Milhões de pessoas foram mortas, e países foram devastados pelos gastos e danos. Posteriormente, ela foi descrita como a "guerra para pôr fim a todas as guerras".

A SEGUNDA GUERRA MUNDIAL (1939-45)

Mas então, após alguns anos de paz apenas, a Segunda Guerra Mundial eclodiu. O ditador alemão Adolf Hitler queria revanche pela derrota na Primeira Guerra e construir um novo império. A Alemanha invadiu a Polônia, e a luta se espalhou pela Europa, depois pelo mundo. Outros milhões foram mortos.

Após os horrores de ambas as guerras, a Europa ficou destroçada, exaurida e sem dinheiro. As pessoas quiseram se assegurar de que tal violência jamais se repetiria. Começaram a construir uma união entre países, que ficou conhecida como União Europeia (UE).

FRONTEIRAS VULNERÁVEIS

Todos os países europeus sofreram com guerras, mas alguns são mais vulneráveis. A Polônia, por exemplo, está em lugar difícil. Situa-se num importante ponto da Planície do Norte da Europa entre a Rússia e a Europa ocidental, sem proteção de montanhas. Ao longo da história, a Polônia foi varrida por exércitos vindos do leste e do oeste e mudou de formato, desaparecendo e reaparecendo, antes de assumir sua forma atual após a Segunda Guerra Mundial.

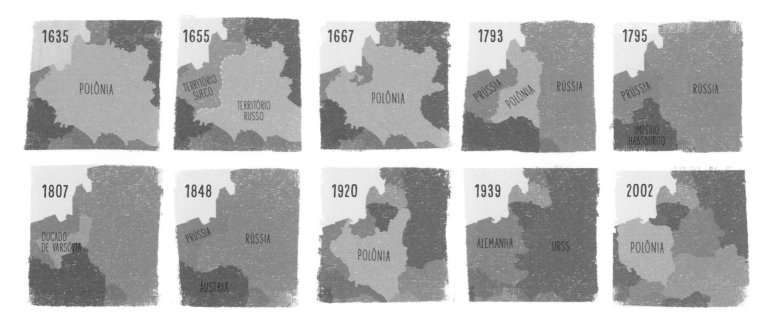

UNIDADE NA EUROPA

Atualmente, grande parte da Europa está junta na União Europeia. A UE é uma experiência de levar países a cooperarem e confiarem uns nos outros. Sob diversos aspectos a UE foi muito bem-sucedida: já são mais de 70 anos de paz após séculos de guerra. Combinada, a UE tem a segunda maior economia do mundo. Trabalhando juntos, países europeus menores são capazes de competir e comerciar com países como a China e os EUA.

No entanto, há rachaduras na UE, em parte devidas a velhos problemas, como riqueza desigual. As nações mais pobres foram duramente atingidas pela crise financeira de 2008, por exemplo, e os países mais ricos tiveram de ajudá-las. Ambos os lados se sentiram infelizes. Algumas nações nem sempre confiam umas nas outras e querem cuidar de seus próprios interesses. Em 2016, a Grã-Bretanha votou por sair da UE e algumas pessoas em outros países querem fazer o mesmo. E assim o futuro da UE é incerto.

A geografia deu à Europa uma vantagem, permitindo que alguns países se tornassem muito ricos. Mas ela também sofreu muitos conflitos e massacres. As vantagens e desvantagens dadas pela geografia fizeram diferentes países se desenvolverem em diferentes velocidades, por isso alguns são mais bem-sucedidos que outros. E embora a UE tenha ajudado a criar uma paz duradoura, seus membros às vezes ainda lutam para se entender.

ÁFRICA:
A GEOGRAFIA

A África é um continente ao mesmo tempo amaldiçoado e abençoado pela geografia. Em muitas partes, o clima e a paisagem não são ideais para a agricultura ou o transporte, e, embora seja rica em recursos naturais, países estrangeiros frequentemente saquearam suas riquezas.

Grande parte do litoral africano é liso e regular, com poucas enseadas naturais. No passado, navios grandes tinham dificuldade de ancorar, o que tornava o comércio difícil. Graças à tecnologia moderna, hoje é possível construir portos que superam esse problema.

MARROCOS

SAARA OCIDENTAL

MAURITÂNIA

SENEGAL
GÂMBIA
GUINÉ-BISSAU   GUINÉ

Rio Níger

SERRA LEOA

LIBÉRIA

COSTA DO MARFIM

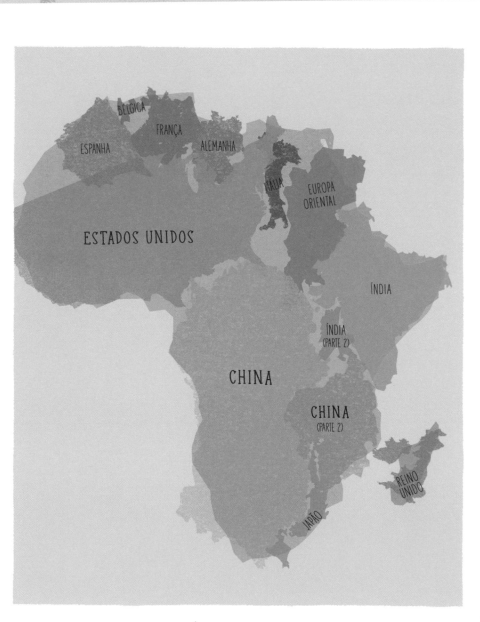

BÉLGICA
ESPANHA   FRANÇA   ALEMANHA
ITÁLIA   EUROPA ORIENTAL
ESTADOS UNIDOS
ÍNDIA
ÍNDIA (PARTE 2)
CHINA
CHINA (PARTE 2)
REINO UNIDO
JAPÃO

Muitos países da África são cercados por terra, então o comércio internacional é difícil e caro e as fontes de alimentos, limitadas. Os países litorâneos tendem a ser mais ricos que as nações do interior.

Oceano Atlântico

A África do Sul é mais desenvolvida que muitas outras nações africanas: ela é rica em recursos naturais como ouro e prata; sua terra e clima são mais adequados à agricultura que os de vários países; e há poucos mosquitos, havendo por isso menor risco de malária do que em outros pontos do continente.

O VERDADEIRO TAMANHO DA ÁFRICA

A África é muito maior do que as pessoas imaginam. Num mapa-múndi comum, ela parece quase do mesmo tamanho que os EUA, mas na realidade é três vezes maior. Ela poderia abrigar EUA, Índia, China, Espanha, França, Alemanha, Bélgica, Itália, Japão e Reino Unido e ainda teria lugar para a maior parte da Europa oriental!

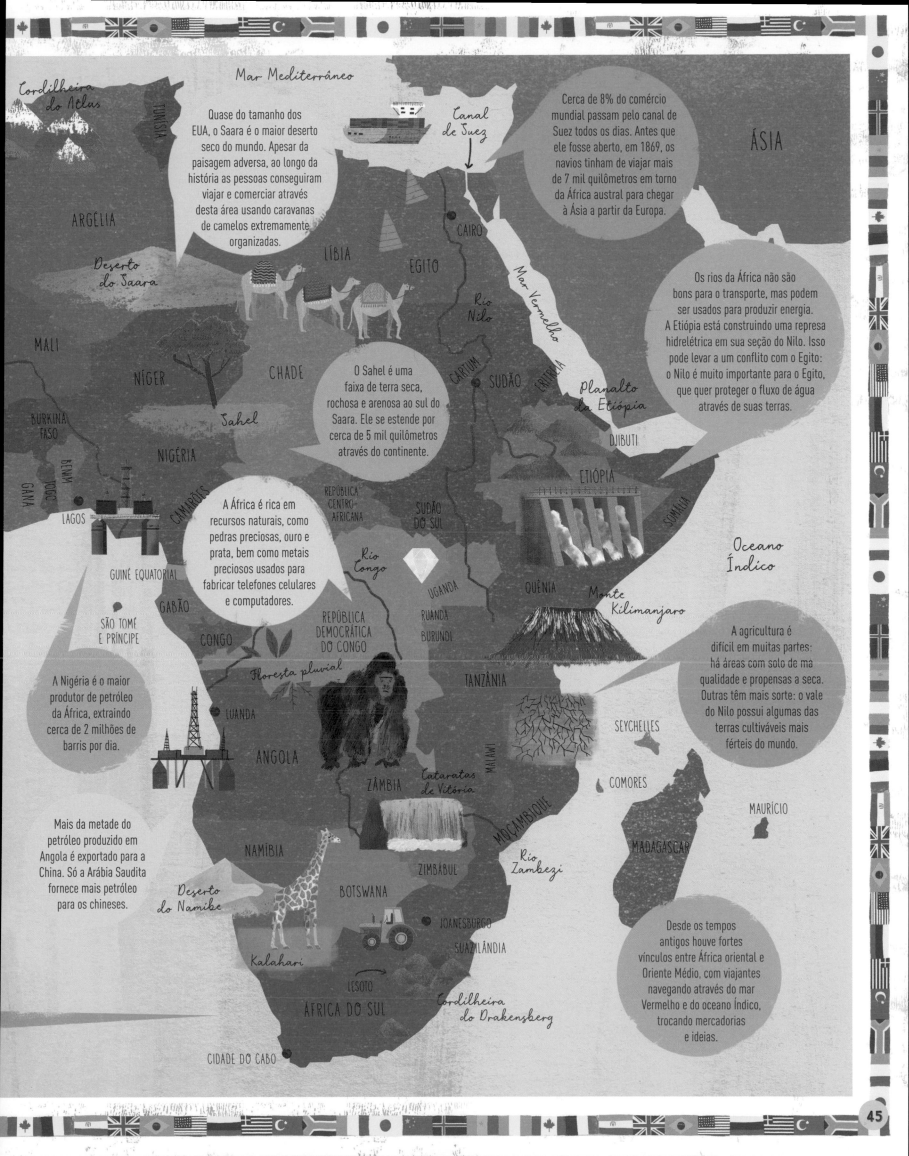

Cordilheira do Atlas

Mar Mediterrâneo

TUNÍSIA

ARGÉLIA

Quase do tamanho dos EUA, o Saara é o maior deserto seco do mundo. Apesar da paisagem adversa, ao longo da história as pessoas conseguiram viajar e comerciar através desta área usando caravanas de camelos extremamente organizadas.

Canal de Suez

Cerca de 8% do comércio mundial passam pelo canal de Suez todos os dias. Antes que ele fosse aberto, em 1869, os navios tinham de viajar mais de 7 mil quilômetros em torno da África austral para chegar à Ásia a partir da Europa.

ÁSIA

CAIRO

Deserto do Saara

LÍBIA

EGITO

Rio Nilo

Mar Vermelho

Os rios da África não são bons para o transporte, mas podem ser usados para produzir energia. A Etiópia está construindo uma represa hidrelétrica em sua seção do Nilo. Isso pode levar a um conflito com o Egito: o Nilo é muito importante para o Egito, que quer proteger o fluxo de água através de suas terras.

MALI

NÍGER

CHADE

CARTUM

SUDÃO

ERITREIA

Planalto da Etiópia

BURKINA FASO

Sahel

O Sahel é uma faixa de terra seca, rochosa e arenosa ao sul do Saara. Ele se estende por cerca de 5 mil quilômetros através do continente.

DJIBUTI

NIGÉRIA

GANA
TOGO
BENIM
CAMARÕES

LAGOS

A África é rica em recursos naturais, como pedras preciosas, ouro e prata, bem como metais preciosos usados para fabricar telefones celulares e computadores.

REPÚBLICA CENTRO-AFRICANA

SUDÃO DO SUL

ETIÓPIA

SOMÁLIA

GUINÉ EQUATORIAL

Rio Congo

UGANDA

QUÊNIA

Oceano Índico

GABÃO

SÃO TOMÉ E PRÍNCIPE

CONGO

REPÚBLICA DEMOCRÁTICA DO CONGO

RUANDA

BURUNDI

Monte Kilimanjaro

A Nigéria é o maior produtor de petróleo da África, extraindo cerca de 2 milhões de barris por dia.

Floresta pluvial

LUANDA

TANZÂNIA

A agricultura é difícil em muitas partes: há áreas com solo de má qualidade e propensas a seca. Outras têm mais sorte: o vale do Nilo possui algumas das terras cultiváveis mais férteis do mundo.

SEYCHELLES

ANGOLA

MALAWI

COMORES

ZÂMBIA

Cataratas de Vitória

MOÇAMBIQUE

MAURÍCIO

Mais da metade do petróleo produzido em Angola é exportado para a China. Só a Arábia Saudita fornece mais petróleo para os chineses.

NAMÍBIA

ZIMBABUL

Rio Zambezi

MADAGASCAR

Deserto do Namibe

BOTSWANA

JOANESBURGO

SUAZILÂNDIA

Desde os tempos antigos houve fortes vínculos entre África oriental e Oriente Médio, com viajantes navegando através do mar Vermelho e do oceano Índico, trocando mercadorias e ideias.

Kalahari

LESOTO

ÁFRICA DO SUL

Cordilheira do Drakensberg

CIDADE DO CABO

A GEOGRAFIA CONTRA

Todos os continentes têm seus problemas, mas poucos têm tantos quanto a África, com sua longa história de doenças, guerras e fome. Alguns dos países mais pobres do mundo encontram-se aqui. Uma das razões pelas quais tantos países africanos ficaram para trás de outras nações são as dificuldades impostas pela geografia.

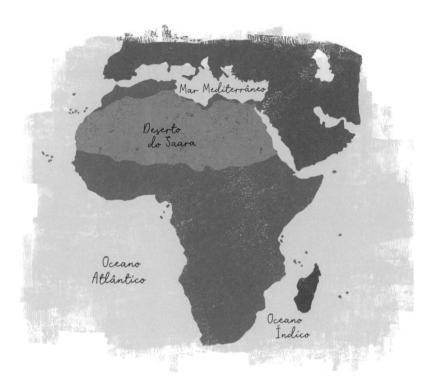

Mar Mediterrâneo

Deserto do Saara

Oceano Atlântico

Oceano Índico

ISOLAMENTO

A África foi o lugar onde os seres humanos modernos primeiro evoluíram, cerca de 200 mil anos atrás. Com o tempo, as pessoas se espalharam para a Ásia e a Europa, onde por fim se estabeleceram, construindo vilas e cidades. Contudo, a África austral estava em grande medida isolada do resto do mundo pelo deserto do Saara, o Sahel e os oceanos Índico e Atlântico. Enquanto ideias e tecnologias estavam sendo compartilhadas através da Europa e da Ásia, elas não se espalharam para o sul através da África por muitas centenas de anos, nem as culturas africanas viajaram para o norte.

AGRICULTURA DIFÍCIL

Em outras partes do mundo, os seres humanos primitivos descobriram a agricultura, que lhes permitiu se estabelecer num lugar em vez de estar sempre se deslocando para caçar e coletar comida. Mas a agricultura é difícil em grande parte da África. Em muitos lugares, a terra não é adequada para o cultivo: há muitas selvas, pantanais e desertos. O clima é desafiador, com períodos tanto de chuva pesada quanto de seca.

INFORTÚNIOS DA VIDA SELVAGEM

Milhares de anos atrás, em outros continentes, animais com casco como cavalos e asnos começaram a ser usados como bestas de carga para transportar coisas. Mas as girafas e zebras da África não puderam ser domesticadas dessa maneira.

Alguns animais africanos são muito perigosos: a cada ano, diversas pessoas são mortas por hipopótamos, elefantes e leões. Um dos maiores assassinos são os mosquitos. Em grande parte da África o clima é perfeito para eles, que espalham doenças como malária e febre amarela. Centenas de milhares de pessoas morrem todos os anos no continente apenas de malária.

OS RIOS DA ÁFRICA

Embora a África tenha muitos rios, transportar pessoas e mercadorias é difícil porque há cachoeiras a intervalos de poucos quilômetros. A maior parte dos rios nasce em terreno elevado e desce em quedas abruptas. O Zambezi, por exemplo, corre por seis países, mas está cheio de corredeiras – para não mencionar as enormes cataratas de Vitória – e nele o transporte de carga é impossível.

No passado, os rios africanos dificultaram viagens e comércio entre diferentes regiões, e as comunidades permaneceram desconectadas.

CONTINENTE REPARTIDO

A África foi moldada não apenas pela geografia, mas também por estrangeiros. Ao longo dos séculos, as principais potências europeias chegaram ao continente e reivindicaram grandes áreas como parte de seus impérios – isso é chamado de colonização. Elas viam a África como uma fonte de matérias-primas e mão de obra barata.

ESCRAVIDÃO

Uma terrível consequência da chegada dos europeus foi o crescimento do tráfico de escravos. Entre os séculos XV e XIX, traficantes de escravos sequestraram milhões de africanos e os transportaram em navios negreiros abarrotados para as Américas, onde foram forçados a trabalhar em condições brutais.

O FURTO DE RECURSOS

As potências europeias exploraram as riquezas naturais da África, enviando grande parte da sua fortuna à Europa. A República Democrática do Congo (RDC), por exemplo, foi colônia belga. O rei Leopoldo queria a sua borracha para expandir a indústria de automóveis na Bélgica. Nada da riqueza da RDC foi usada para a população local, tratada cruelmente.

Hoje, países estrangeiros seguem interessados nos recursos da África. Empresas europeias e americanas estão envolvidas na produção africana de petróleo e a China desempenha um papel importante também. Agora, os estrangeiros tendem a investir em vez de roubar e as nações africanas têm conseguido reivindicar uma parte da riqueza.

A DIVISÃO DO BOLO

As potências europeias não apenas furtaram a riqueza da África; elas dividiram o continente entre si. No fim do século XIX, elas acordaram quem iria controlar quais partes do continente. O povo africano não teve nenhuma influência nessa decisão; os europeus simplesmente traçaram linhas num mapa com base nos pontos que tinham explorado até então. Depois, inventaram nomes para esses novos "países".

Isso causou problemas. As fronteiras recém-traçadas dividiram comunidades e impediram que as pessoas se deslocassem livremente pela terra. Grupos que eram hostis uns aos outros foram obrigados a viver juntos. Depois que os europeus se retiraram, no século XX, a maior parte das fronteiras que eles tinham traçado continuou a mesma. Os novos países tiveram de encontrar uma maneira de se governar. Alguns estão se saindo bem, mas alguns grupos estão mergulhados em conflito. Até hoje, muitos africanos continuam sendo prisioneiros da geografia que os europeus lhes impuseram.

Muitas fronteiras foram traçadas em áreas onde a geografia era desconhecida, o que explica muitas das divisas africanas serem linhas retas. Essa forma de definir as fronteiras foi criticada por criar divisões entre comunidades.

A Líbia tem três regiões geográficas distintas. Durante séculos, as pessoas aqui se viram como três grupos diferentes, até que os europeus os juntaram como um só. A ideia da Líbia como país tem apenas algumas décadas de idade, e pode ter que se esforçar para sobreviver.

O Sudão foi controlado pelos britânicos de 1896 a 1955. Desde a sua independência, em 1956, houve muitas guerras. Em 2011, com a criação do Sudão do Sul, o Sudão se dividiu em dois países, mas ambos continuam sendo afligidos pelos conflitos.

LÍBIA

SUDÃO

SUDÃO DO SUL

NIGÉRIA

A Nigéria é outro exemplo de país onde diferentes grupos étnicos foram unidos. Uma guerra civil irrompeu em 1967, quando os ibos quiseram se tornar independentes do resto do país.

REPÚBLICA DEMOCRÁTICA DO CONGO

BURUNDI

No Burundi, os tútsis são uma minoria, constituindo apenas 15% da população. A maior parte do povo é hutu, mas os tútsis ocupam muitas das posições poderosas no governo. Houve muitos conflitos violentos no país, e uma guerra civil que durou de 1993 a 2005.

ANGOLA

No século XVI, Angola se tornou uma colônia portuguesa. Ela encerrava pelo menos dez grandes grupos étnicos divididos em cerca de uma centena de grupos menores. Os diferentes povos tinham pouco em comum, e, após sua independência de Portugal, em 1975, uma guerra civil irrompeu entre eles.

A RDC abriga cerca de 81 milhões de pessoas de mais de 200 grupos étnicos diferentes. O conflito entre esses grupos fez do país uma zona de guerra, e mais de 6 milhões de pessoas morreram desde o fim dos anos 1990.

Este mapa mostra as regiões da África controladas pelas potências coloniais europeias em 1913.

CHAVE

IMPÉRIO BELGA
IMPÉRIO ITALIANO
IMPÉRIO BRITÂNICO
IMPÉRIO PORTUGUÊS
IMPÉRIO FRANCÊS
IMPÉRIO ESPANHOL
IMPÉRIO ALEMÃO
INDEPENDENTES

A ÁFRICA HOJE

Hoje, muitas cidades da África são centros prósperos, crescendo rápido, como Nairóbi, Dar es Salaam e Kinshasa, e incentivando investímentos em coisas importantes como estradas e ferrovias.

A África teve muitas dificuldades por causa de sua geografia complicada e da interferência de potências estrangeiras, que exploraram seus recursos e pessoas. Ainda há grandes problemas decorrentes do colonialismo e diversas áreas de conflito. Contudo, a situação está melhorando de várias maneiras.

Embora muitas pessoas vivam na pobreza, esse número está caindo. A assistência médica e os níveis de instrução melhoraram, e as pessoas estão vivendo mais tempo.

Hoje, a maior parte dos países africanos controla sua riqueza natural e – graças ao petróleo e aos minérios encontrados em suas terras – muitos viram suas economias crescer, tendo uma perspectiva mais positiva para o futuro. A tecnologia também está ajudando a superar algumas das dificuldades causadas pela geografia: junto com novas estradas e ferrovias, viagens aéreas e portos artificiais estão conectando esse enorme continente com o resto do mundo – e consigo mesmo.

ORIENTE MÉDIO:
A GEOGRAFIA

A região que chamamos de Oriente Médio abriga muitos países e culturas diferentes. A paisagem é muito variada, incluindo montanhas, planícies fluviais, pântanos e o enorme deserto da Arábia. O Oriente Médio é farto em recursos naturais – petróleo e gás –, que são uma fonte de enorme riqueza. Mas a região também sofre com conflitos e guerras.

ESTREITO DE BÓSFORO

ISTAMBUL

ANCARA

Mar Negro

Montes Tauro

TURQUIA

Parte da Turquia está na Europa e parte está na Ásia: ela é por vezes descrita como a ponte entre a Europa e o Oriente Médio.

CHIPRE

SÍRIA

LÍBANO

BEIRUTE

DAMASCO

PALESTINA

AMÃ

JERUSALÉM

ISRAEL

JORDÂNIA

Mar Mediterrâneo

O estreito de Bósforo é a única via de entrada e saída do mar Negro. Apertado, ele mede apenas 750 metros de largura em alguns pontos. A Rússia e a Turquia competem por influência no mar Negro, mas a frota russa não teria nenhum acesso ao Mediterrâneo se a Turquia fechasse o estreito.

A cidade de Jerusalém é um lugar importante para três grandes religiões: judaísmo, cristianismo e islã. Na Idade Média, alguns mapas a colocavam no centro do mundo.

Rio Nilo

PENÍNSULA DO SINAI

EGITO

MEDINA

Mar Vermelho

JIDÁ

Quando Israel foi criado, em 1948, centenas de milhares de palestinos que já viviam lá foram deslocados. Hoje, ainda há conflitos entre os dois povos, cada um dos quais acredita ser o legítimo dono da terra.

CURDISTÃO

Há grandes populações de curdos no Iraque, na Turquia, na Síria e no Irã, e muitos deles querem se unir para criar seu próprio país independente. Os governos desses países têm grandes preocupações com a possível criação de um Estado curdo, pois isso significaria a perda de partes do que eles consideram ser suas próprias terras.

Mar Negro

ARMÊNIA

TURQUIA

Mar Cáspio

ÁREA HABITADA POR CURDOS

SÍRIA

IRÃ

IRAQUE

SUDÃO

ERITREIA

ETIÓPIA

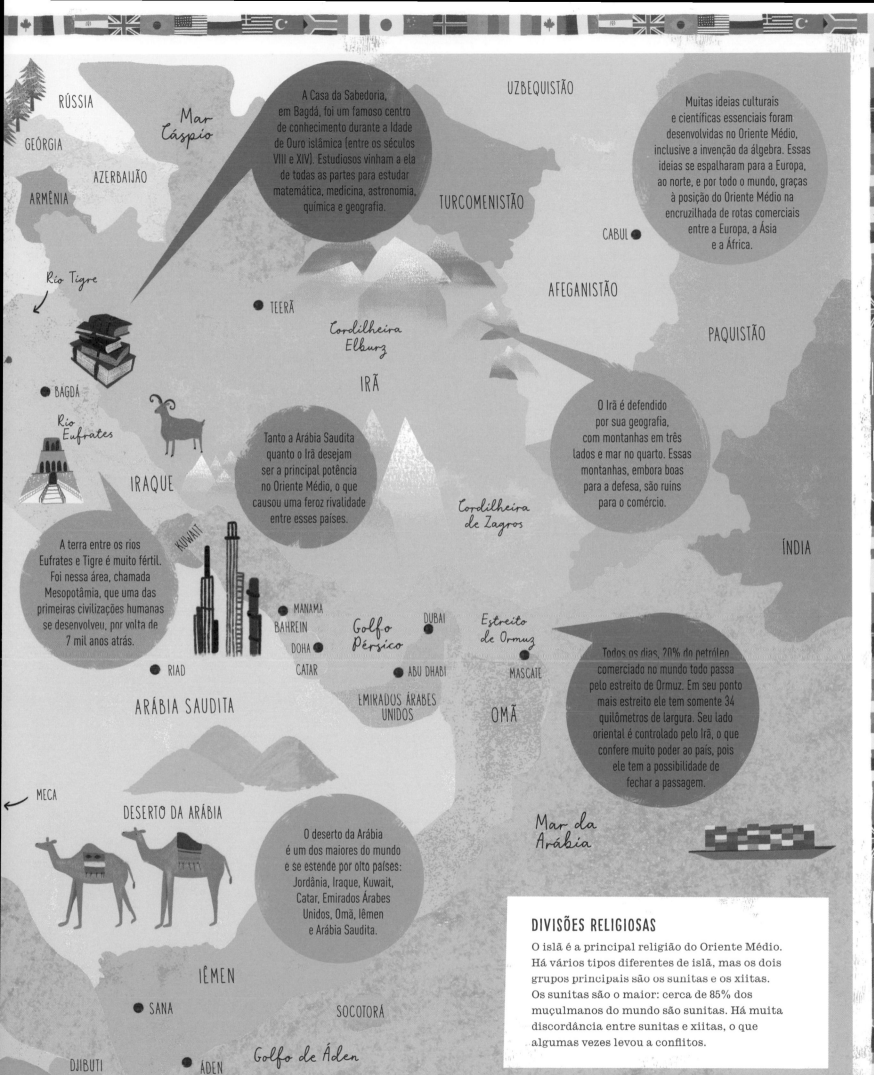

RÚSSIA

Mar Cáspio

GEÓRGIA

AZERBAIJÃO

ARMÊNIA

UZBEQUISTÃO

A Casa da Sabedoria, em Bagdá, foi um famoso centro de conhecimento durante a Idade de Ouro islâmica (entre os séculos VIII e XIV). Estudiosos vinham a ela de todas as partes para estudar matemática, medicina, astronomia, química e geografia.

Muitas ideias culturais e científicas essenciais foram desenvolvidas no Oriente Médio, inclusive a invenção da álgebra. Essas ideias se espalharam para a Europa, ao norte, e por todo o mundo, graças à posição do Oriente Médio na encruzilhada de rotas comerciais entre a Europa, a Ásia e a África.

TURCOMENISTÃO

CABUL

AFEGANISTÃO

Rio Tigre

TEERÃ

Cordilheira Elburz

IRÃ

PAQUISTÃO

BAGDÁ

Rio Eufrates

Tanto a Arábia Saudita quanto o Irã desejam ser a principal potência no Oriente Médio, o que causou uma feroz rivalidade entre esses países.

O Irã é defendido por sua geografia, com montanhas em três lados e mar no quarto. Essas montanhas, embora boas para a defesa, são ruins para o comércio.

IRAQUE

Cordilheira de Zagros

ÍNDIA

KUWAIT

A terra entre os rios Eufrates e Tigre é muito fértil. Foi nessa área, chamada Mesopotâmia, que uma das primeiras civilizações humanas se desenvolveu, por volta de 7 mil anos atrás.

MANAMA

BAHREIN

DOHA

Golfo Pérsico

DUBAI

Estreito de Ormuz

RIAD

CATAR

ABU DHABI

MASCATE

Todos os dias, 20% do petróleo comerciado no mundo todo passa pelo estreito de Ormuz. Em seu ponto mais estreito ele tem somente 34 quilômetros de largura. Seu lado oriental é controlado pelo Irã, o que confere muito poder ao país, pois ele tem a possibilidade de fechar a passagem.

ARÁBIA SAUDITA

EMIRADOS ÁRABES UNIDOS

OMÃ

Mar da Arábia

MECA

DESERTO DA ARÁBIA

O deserto da Arábia é um dos maiores do mundo e se estende por oito países: Jordânia, Iraque, Kuwait, Catar, Emirados Árabes Unidos, Omã, Iêmen e Arábia Saudita.

DIVISÕES RELIGIOSAS

O islã é a principal religião do Oriente Médio. Há vários tipos diferentes de islã, mas os dois grupos principais são os sunitas e os xiitas. Os sunitas são o maior: cerca de 85% dos muçulmanos do mundo são sunitas. Há muita discordância entre sunitas e xiitas, o que algumas vezes levou a conflitos.

IÊMEN

SANA

SOCOTORÁ

Golfo de Áden

DJIBUTI

ÁDEN

INTERFERÊNCIA EM MAPAS

Para entender o que acontece hoje no Oriente Médio, devemos olhar o passado... e o passado não tão distante é um bom lugar para começar. Muitas das fronteiras no Oriente Médio são relativamente recentes. Algumas foram traçadas após a Primeira Guerra Mundial pelos aliados europeus vitoriosos, e desde então têm sido uma causa de instabilidade na região.

Coronel sir Mark Sykes

O QUE FOI O ACORDO SYKES-PICOT?

Antes da Primeira Guerra Mundial, a maior parte do Oriente Médio integrava o Império Otomano. Havia poucas fronteiras ou países independentes. Muitos povos diferentes viviam juntos sob o domínio otomano.

Durante a Primeira Guerra Mundial, o Império Otomano estava do lado oposto à França e à Grã-Bretanha. Em 1916, um diplomata britânico (coronel sir Mark Sykes) e um diplomata francês (François Georges-Picot) traçaram uma linha em um mapa como parte de um plano para dividir o Oriente Médio entre a Grã-Bretanha e a França, caso eles vencessem a guerra. Esse plano tornou-se conhecido como Acordo Sykes-Picot.

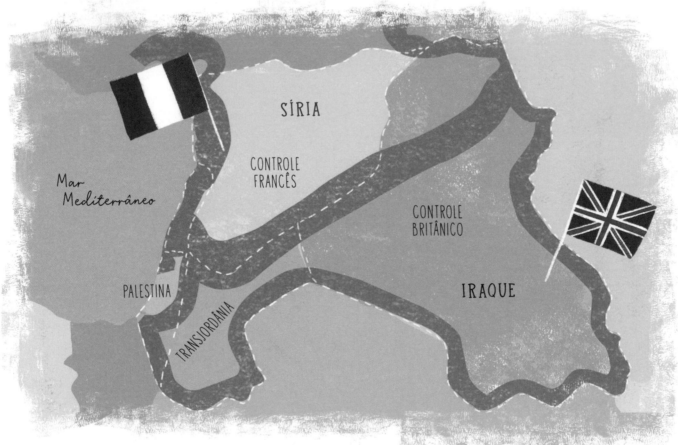

SÍRIA

CONTROLE FRANCÊS

Mar Mediterrâneo

CONTROLE BRITÂNICO

PALESTINA

TRANSJORDÂNIA

IRAQUE

Depois da Primeira Guerra Mundial, os britânicos e os franceses criaram novos países nessa área – países que não existiam antes: Síria, Líbano, Jordânia, Iraque, Arábia Saudita e Palestina. Ao fazê-lo, ignoraram em parte a geografia da região e os desejos das comunidades que já viviam ali. De repente, pessoas que sempre tinham sido livres para se mover à vontade foram informadas de que estavam agora na Síria ou no Iraque. A ideia de que não se podia viajar através de uma fronteira recém-inventada para visitar um parente a menos que se tivesse um passaporte fazia muito pouco sentido para muita gente.

François Georges-Picot

IRAQUE: TRÊS REGIÕES, UMA NAÇÃO

O Iraque é um bom exemplo das dificuldades na área. Foi governado pelo Império Otomano como três regiões separadas: as terras montanhosas no norte, onde as pessoas eram de maioria curda; a área a oeste de Bagdá, ocupada por muçulmanos sunitas; e os pântanos no sul, onde viviam os muçulmanos xiitas. A terra sempre fora dividida mais ou menos assim, refletindo as antigas regiões da Assíria, Babilônia e Suméria.

Mas, assim que chegaram, os britânicos tentaram unir toda a área como um país, o que resultou em conflito e caos. Pessoas de diferentes comunidades e religiões foram obrigadas a viver juntas. Isso levou a muito ressentimento e amargura. Como vimos na África, criar fronteiras e países artificiais nem sempre resulta em igualdade e estabilidade. Muitos países do Oriente Médio são jovens e frágeis, e a tensão de mantê-los juntos pode levar a violência, agitação e até guerra civil.

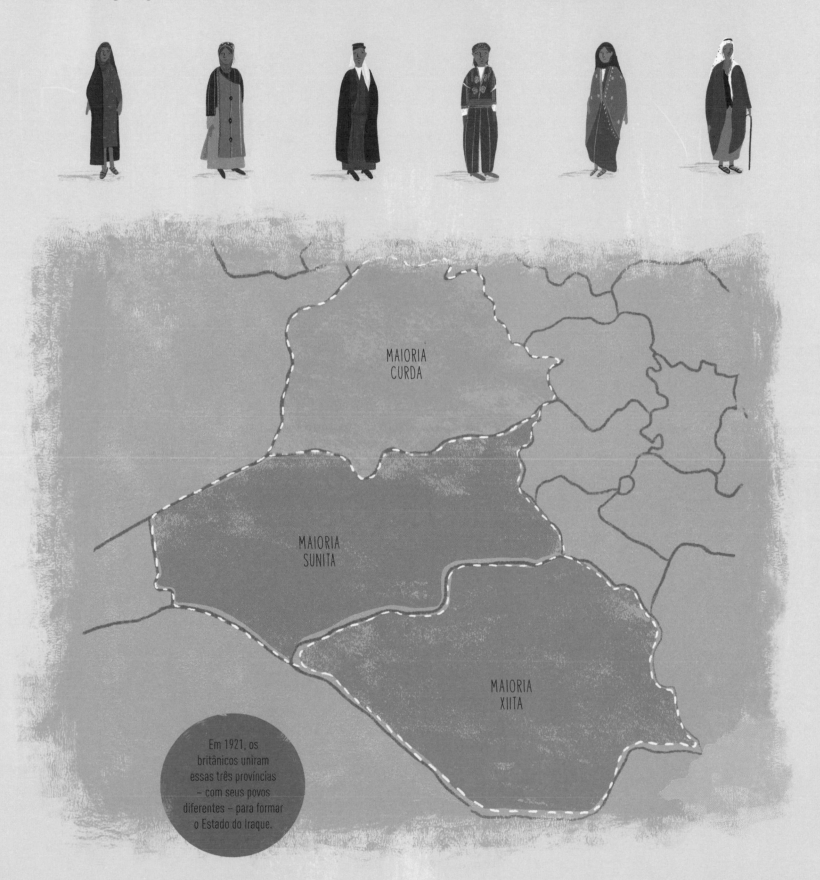

MAIORIA
CURDA

MAIORIA
SUNITA

MAIORIA
XIITA

Em 1921, os britânicos uniram essas três províncias – com seus povos diferentes – para formar o Estado do Iraque.

OURO NEGRO

O Oriente Médio tem muitos recursos naturais na forma de petróleo e gás.
Estes são uma fonte de grande riqueza, mas trazem seus próprios desafios.

O Irã, por exemplo, possui as quartas maiores reservas de petróleo do mundo. Apesar disso, o país tem muitos problemas econômicos e, como resultado, muitas pessoas são pobres e o desemprego é alto. Para piorar, alguns países, liderados pelos EUA, se recusam a comerciar com o Irã por desacordos políticos. A paisagem montanhosa também torna difícil conectar e modernizar a indústria petrolífera.

Sendo o petróleo tão valioso, diferentes grupos às vezes competem para controlá-lo. O Iraque tem as sextas maiores reservas de petróleo do mundo, mas ele está sobretudo nas áreas curda e xiita, e não nas regiões controladas pelos sunitas. Isso leva a discussões sobre como repartir a riqueza.

Quando a economia de um país depende muito de uma coisa só, como o petróleo, é sempre ruim se o preço cai. Nos últimos anos, alguns países da região – entre eles a Arábia Saudita, um dos maiores produtores de petróleo do mundo, e os Emirados Árabes Unidos – tentaram desenvolver outras indústrias, como energia verde e turismo, para não serem tão dependentes de petróleo e gás.

Há muita rivalidade entre os países do Oriente Médio, que competem para ser os maiores produtores de petróleo. Eles também enfrentam competição de outros lugares – a Rússia agora produz mais petróleo do que a Arábia Saudita, e EUA, China e Canadá também estão entre os dez maiores produtores do mundo.

Há muitos problemas em grande parte do Oriente Médio, alguns dos quais foram causados pelas fronteiras artificiais criadas pelo Acordo Sykes-Picot. Muitos países, como a Síria, enfrentam surtos de violência e guerra civil. É possível que esses conflitos venham por fim a remodelar as fronteiras do Oriente Médio.

ÍNDIA E PAQUISTÃO:
A GEOGRAFIA

Indocuche

ISLAMABAD

LAHORE

AFEGANISTÃO

Deserto do Th...

IRÃ

PAQUISTÃO

O Paquistão é muito menor que a Índia, com uma população de 200 milhões de pessoas, enquanto a Índia tem 1,3 bilhão. Combinados, os dois países possuem cerca de um quinto da população do mundo.

A Índia e o Paquistão compartilham uma fronteira de 3 mil quilômetros, bastante fortificada e vigiada em razão dos contínuos desacordos entre as duas nações.

Rio Indo

GAWADAR

KARACHI

CHAVE

- - - - FRONTEIRA DISPUTADA

OMÃ

Gawadar abriga um importante porto de águas profundas pelo qual a China ajudou a pagar, investindo bilhões de dólares na área. Paquistão e China querem criar uma rota terrestre entre os países levando ao porto, para dar à China acesso direto ao mar Arábico e ao oceano Índico.

Rio Narmada

MUMBAI

O rio Indo é uma preciosa fonte de água para a Índia e o Paquistão. Em geral, os dois países tentam cooperar no uso do rio, mas, como ambos enfrentam escassez de água, a questão do abastecimento pode se tornar uma fonte de tensão.

IÊMEN

Gates Ocidentais

Golfo de Áden

A Índia e o Paquistão são os dois maiores países da Ásia meridional. Eles estão interligados pela geografia, emoldurada por oceanos ao sul e montanhas ao norte. A região era um único país até se dividir em 1947. Existe um antigo conflito entre as duas nações: elas lutaram quatro grandes guerras e muitas batalhas menores. Mas é importante para o mundo todo que elas se entendam: como ambas possuem armas nucleares, um conflito sério poderia ser devastador.

Mar da Arábia

A Índia tem muitas riquezas naturais: carvão, petróleo e gás, bem como terras cultiváveis férteis e 15 mil quilômetros de vias navegáveis.

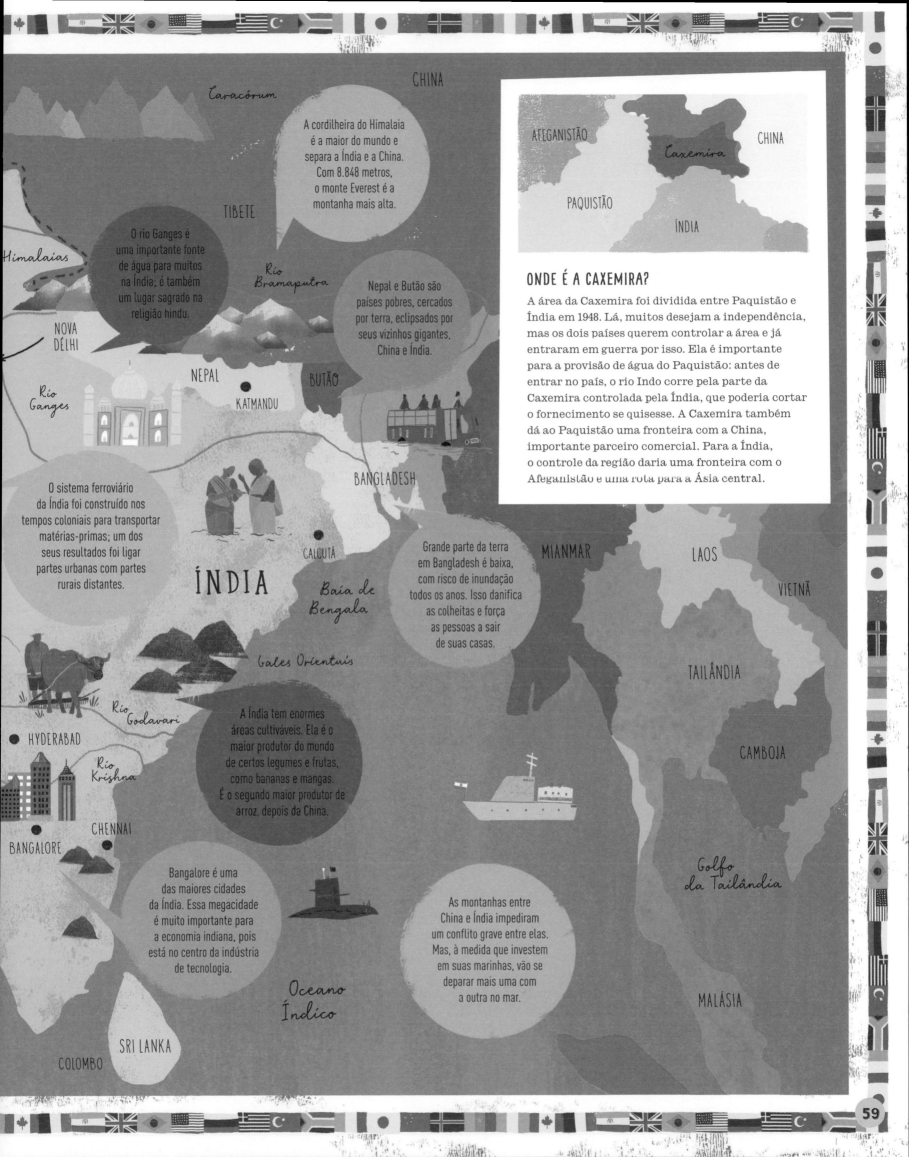

CHINA

Caracórum

A cordilheira do Himalaia é a maior do mundo e separa a Índia e a China. Com 8.848 metros, o monte Everest é a montanha mais alta.

TIBETE

O rio Ganges é uma importante fonte de água para muitos na Índia; é também um lugar sagrado na religião hindu.

Himalaias

Rio Bramaputra

Nepal e Butão são países pobres, cercados por terra, eclipsados por seus vizinhos gigantes, China e Índia.

NOVA DÉLHI

Rio Ganges

NEPAL

BUTÃO

KATMANDU

ONDE É A CAXEMIRA?

AFEGANISTÃO   Caxemira   CHINA

PAQUISTÃO

ÍNDIA

A área da Caxemira foi dividida entre Paquistão e Índia em 1948. Lá, muitos desejam a independência, mas os dois países querem controlar a área e já entraram em guerra por isso. Ela é importante para a provisão de água do Paquistão: antes de entrar no país, o rio Indo corre pela parte da Caxemira controlada pela Índia, que poderia cortar o fornecimento se quisesse. A Caxemira também dá ao Paquistão uma fronteira com a China, importante parceiro comercial. Para a Índia, o controle da região daria uma fronteira com o Afeganistão e uma rota para a Ásia central.

O sistema ferroviário da Índia foi construído nos tempos coloniais para transportar matérias-primas; um dos seus resultados foi ligar partes urbanas com partes rurais distantes.

BANGLADESH

CALCUTÁ

ÍNDIA

Baía de Bengala

Grande parte da terra em Bangladesh é baixa, com risco de inundação todos os anos. Isso danifica as colheitas e força as pessoas a sair de suas casas.

MIANMAR

LAOS

VIETNÃ

Gales Orientais

TAILÂNDIA

HYDERABAD

Rio Godavari

Rio Krishna

A Índia tem enormes áreas cultiváveis. Ela é o maior produtor do mundo de certos legumes e frutas, como bananas e mangas. É o segundo maior produtor de arroz, depois da China.

CAMBOJA

CHENNAI

BANGALORE

Bangalore é uma das maiores cidades da Índia. Essa megacidade é muito importante para a economia indiana, pois está no centro da indústria de tecnologia.

As montanhas entre China e Índia impediram um conflito grave entre elas. Mas, à medida que investem em suas marinhas, vão se deparar mais uma com a outra no mar.

Golfo da Tailândia

Oceano Índico

MALÁSIA

SRI LANKA

COLOMBO

A GRANDE DIVISÃO

A Grã-Bretanha governou a Índia e o Paquistão como parte de seu império. Ela utilizou uma política conhecida como "dividir para reinar", em que diferentes grupos eram jogados uns contra os outros de modo a não se unirem contra o controle britânico. Isso levou a conflitos entre pessoas de diferentes religiões, sobretudo hindus e muçulmanos.

Após a Segunda Guerra Mundial, a Índia queria a independência. A Grã-Bretanha não pôde mais controlar a região e se retirou. Em 1947, a área foi dividida em Índia, de maioria hindu, e Paquistão, muçulmana. Essa divisão levou a um enorme movimento: milhões de muçulmanos fugiram para o Paquistão, a oeste, enquanto milhões de hindus e siques foram em direção oposta. Houve confusão e violência: pelo menos 1 milhão de pessoas morreram e 15 milhões foram obrigadas a abandonar suas casas.

As áreas muçulmanas no oeste tornaram-se o Paquistão Ocidental e aquelas a leste de Calcutá, o Paquistão Oriental. As duas eram separadas por 2 mil quilômetros de Índia e não tinham muito em comum para uni-las. Em 1971, o Paquistão Oriental se rebelou e, após um violento conflito, tornou-se Bangladesh.

A Índia e o Paquistão seguiram rumos diferentes desde 1947, mas ambos têm seus próprios desafios. A maneira desigual como os dois países foram divididos deu à Índia a maior parte das indústrias e grandes cidades, como Mumbai e Calcutá e seus bancos e negócios, e também Délhi e seus prédios governamentais. Com uma economia ascendente e forças armadas poderosas, a Índia deseja se tornar uma potência mundial. Contudo, ainda enfrenta problemas, como elevados níveis de pobreza em algumas regiões.

Já o Paquistão teve um começo mais difícil. Suas terras estavam separadas entre leste e oeste, e recebera uma fronteira incômoda e instável: a noroeste, com o Afeganistão. O Paquistão pode ser visto como um país dividido: tem cinco regiões distintas, que são às vezes mais leais a si mesmas que ao Estado central. Essa instabilidade ainda causa problemas para o Paquistão e a região.

COREIA E JAPÃO:
A GEOGRAFIA

Os países nesta parte do mundo são muito diferentes uns dos outros. Japão e Coreia do Sul são nações democráticas com economias bem-sucedidas, já a Coreia do Norte é uma ditadura e sofre muito com a pobreza. A imprevisibilidade da Coreia do Norte é uma ameaça potencial para seus vizinhos. A área é fonte de tensão internacional, pois é palco da rivalidade entre EUA (aliados do Japão e da Coreia do Sul) e China (que apoia a Coreia do Norte).

CHINA

Montanhas Hamgyong

Rio Yalu

Conhecida como Zona Desmilitarizada, a linha divisória entre as duas Coreias foi acertada em 1953, após a Guerra da Coreia. É uma zona-tampão de cerca de quatro quilômetros de largura e corta a península Coreana quase ao meio.

COREIA DO NORTE

PYONGYANG

ZONA DESMILITARIZADA

A Coreia do Sul e o Japão disputam a posse destas ilhas, atualmente controladas pela Coreia do Sul. Os coreanos as conhecem como ilhas Dokdo e os japoneses como ilhas Takeshima. Elas se situam em bons pesqueiros, e a área pode conter muitas reservas de gás natural.

A capital da Coreia do Sul, Seul, e suas áreas circundantes têm uma população de 25 milhões de pessoas: isso é quase a metade da população do país! Os sul-coreanos preocupam-se com a proximidade entre a sua capital e a fronteira com a Coreia do Norte: apenas 50 quilômetros as separam.

Mar Amarelo

SEUL

COREIA DO SUL

PUSAN (BUSAN)

Mar do Japão (Mar do Leste)

ILHAS DOKDO/ TAKESHIMA

A Coreia do Sul construiu uma marinha moderna para patrulhar os mares do Japão e da China oriental. Tem recursos naturais limitados, como petróleo, e precisa importar energia, então monitora as vias marítimas para garantir o fornecimento.

CHEJU

Estreito da Coreia

Montanhas de Hida

HIROSHIMA

QUIOTO

NAGASAKI

SHIKOKU

KYUSHU

Mar da China Meridional

As ilhas Ryukyu são controladas pelo Japão, mas o extremo sul do arquipélago é reivindicado pela China. Essas ilhas são importantes para o Japão porque uma marinha invasora terá de passar por elas para chegar à sua zona central. Os mares circundantes podem também conter petróleo e gás.

ILHAS RYUKYU

RÚSSIA

PENÍNSULA
DE KAMCHATKA
(RÚSSIA)

Mar de
Okhotsk

A maior parte do Japão é coberta por montanhas. Por conta dessa paisagem acidentada, os rios do país têm muitas corredeiras e quedas-d'água – não ideais para a navegação e o comércio. E assim o Japão tornou-se uma nação marinheira, conectando-se e comerciando ao longo das costas em vez de por terra.

O Japão reivindica a propriedade das ilhas Curilas, ao norte de Hokkaido, que perdeu para a Rússia na Segunda Guerra Mundial, e que ainda estão sob controle russo.

SACALINA
(RÚSSIA)

O Japão é um dos maiores importadores de gás natural e petróleo do mundo, pois tem poucos recursos naturais próprios.

Apenas 13% da terra no Japão são adequados para a agricultura em grande escala. Em vez de depender de culturas, as pessoas se voltaram para o mar: o Japão é um dos maiores consumidores do mundo de peixes e frutos do mar.

ILHAS
CURILAS

HOKKAIDO

O Japão tem uma das maiores economias do mundo. Ele fez muitos avanços em tecnologia, como seus trens-bala de alta velocidade, que podem chegar a 320 quilômetros por hora.

JAPÃO

Três quartos do Japão não servem à habitação humana, em especial as regiões montanhosas do interior. A maioria das pessoas vive ao longo das planícies costeiras.

Oceano
Pacífico

HONSHU

TÓQUIO

Tóquio é a maior megacidade do mundo. A cidade em si tem uma população de 9 milhões de pessoas, mas se incluirmos as áreas circundantes o total se eleva a 39 milhões!

UMA HISTÓRIA DE INVASÃO

A Coreia está presa entre China e Japão, países muito maiores. Com poucas defesas naturais, durante séculos foi alvo de conquista – sendo os atacantes capazes de marchar pela península de cima a baixo. No passado, a Coreia foi invadida pelos mongóis, pela dinastia Qing da China e pelos japoneses, em várias ocasiões.

COREIA: UMA NAÇÃO DIVIDIDA

Em 1945, terminada a Segunda Guerra Mundial, americanos e russos acordaram em dividir a península Coreana em duas zonas diferentes. Em 1948, dois países foram criados: a República da Coreia, pró-americana, no sul, e a República Democrática do Povo da Coreia, no norte, apoiada primeiro pela Rússia e depois pela China.

COREIA DO NORTE

Por décadas a Coreia do Norte foi um dos países mais fechados do mundo. É governada por uma ditadura brutal e grande parte da população vive em extrema pobreza. Seu programa de armas nucleares e sua atitude defensiva criam disputas com a Coreia do Sul e outros países. A tensão entre as Coreias do Norte e do Sul significa um risco constante de irrupção de violência.

ESCOLHA DE LADO

A situação envolve muitos países. A China não deseja uma Coreia unida aliada aos EUA, com bases militares americanas perto de sua fronteira. Ela também não quer milhões de refugiados atravessando sua fronteira no caso de uma guerra. Por isso, apoia a economia da Coreia do Norte, sendo seu principal parceiro comercial.

Os EUA também não querem uma guerra, mas devem apoiar a aliada Coreia do Sul, até como exemplo a seus outros aliados. Como precisam assegurar que a Coreia do Norte não aja agressivamente, mantêm quase 30 mil soldados estacionados na Coreia do Sul.

UMA PAZ DESCONFORTÁVEL

Os problemas em torno da Coreia do Norte não são de fácil solução. Embora ninguém deseje uma guerra, muitos dos países envolvidos estão temerosos e desconfiados das intenções uns dos outros. É muito importante que cada país lide com a situação cuidadosamente para que ela não saia de controle.

JAPÃO: UMA NAÇÃO INSULAR

O Japão é formado por várias ilhas a algumas centenas de quilômetros do continente asiático. Está suficientemente perto para ter se beneficiado da difusão de inovações culturais e tecnológicas ao longo do tempo, mas suficientemente longe para ter evitado uma invasão.

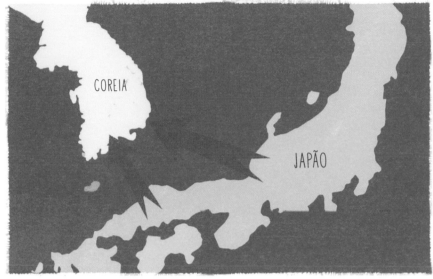

INVASÃO DA COREIA

Sendo uma nação insular, o Japão desenvolveu uma marinha impressionante, mas carecia de recursos naturais. Isso foi em parte o que o levou a controlar a Coreia em 1910, porque o norte coreano era rico em carvão e minério de ferro. O Japão precisava desses recursos porque começava a se industrializar. Ele também queria impedir que a Rússia ou a China controlassem a Coreia.

ASCENSÃO E QUEDA (E ASCENSÃO DE NOVO)

O Japão invadiu a China e o Sudeste Asiático nos anos 1930 e 1940. Essa rápida expansão durante a Segunda Guerra Mundial o pôs em conflito com os EUA. O Japão sofreu uma pesada derrota depois que os EUA jogaram bombas nucleares em Hiroshima e Nagasaki, em 1945. Após sua rendição, foi capaz de se recuperar rapidamente. Com a ajuda dos EUA, que precisavam de aliados na área contra a China comunista, a economia japonesa já prosperava 30 anos depois.

Os EUA ainda mantêm presença militar no Japão, algo com que alguns japoneses não estão inteiramente felizes. Mas é a imprevisibilidade da Coreia do Norte – com seus mísseis e armas nucleares –, bem como a crescente força da China, que mantém os líderes japoneses acordados à noite, certificando-se de que permanecem próximos dos EUA.

O Japão e a Coreia do Sul têm uma relação desconfortável depois da ocupação da Coreia pelo Japão no início do século XX. Contudo, a angústia que compartilham em relação à Coreia do Norte e à China significa que eles estão dispostos a trabalhar juntos com seu aliado, os EUA.

AMÉRICA LATINA:
A GEOGRAFIA

A América Latina tem paisagens diversificadas, de desertos a florestas pluviais e vastas montanhas. Esses obstáculos naturais separam as regiões e dificultam o comércio e a agricultura. Partes da América do Sul estão isoladas do resto do mundo, com portos muito longe das grandes rotas comerciais. Alguns países nessa área sofreram em razão dos efeitos da colonização europeia e por estarem eclipsados pelo vizinho rico, os EUA. Estas são algumas das razões por que a América Latina ficou para trás da Europa, da América do Norte e da China em termos de riqueza.

Deserto de Sonora

MÉXICO

Sierra Madre Ocidental

Sierra Madre Oriental

SAN JOSÉ

CIDADE DO MÉXICO

Golfo do México

CUBA

HAVANA

BELMOPAN

BELIZE

HONDURAS

CIDADE DA GUATEMALA

TEGUCIGALPA

GUATEMALA

SAN SALVADOR

NICARÁGUA

MANÁGUA

EL SALVADOR

SAN JOSÉ

COSTA RICA

O México tem um deserto ao norte, montanhas a leste e oeste e selva no sul, o que limitou sua capacidade de fazer comércio com outros países.

O México tem uma fronteira de 3 mil quilômetros de extensão com os EUA, quase toda constituída de deserto. Muitos latino-americanos tentam cruzar a adversa paisagem, buscando chegar aos EUA para escapar da privação e da violência em seus países.

O CONTINENTE OCO

Ao chegarem à América Latina, os colonos europeus permaneceram perto da costa, porque a paisagem era difícil de atravessar e estava frequentemente infestada de mosquitos e doenças. Até hoje a maior parte das grandes cidades está no litoral, que é por vezes chamado de "orla povoada". Não houve muito investimento no interior do continente, que tem poucos assentamentos importantes e conexões de transporte deficientes.

Antes da abertura do canal do Panamá, em 1914, navios que desejassem viajar entre os oceanos Pacífico e Atlântico tinham de fazer uma longa e perigosa viagem em torno da extremidade meridional da América do Sul.

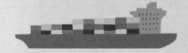

Oceano Pacífico

Este mapa mostra a densidade populacional da América do Sul em 2010; quanto mais escura a área, mais pessoas vivem ali.

CHAVE

- - - - EXTENSÃO DA FLORESTA PLUVIAL AMAZÔNICA

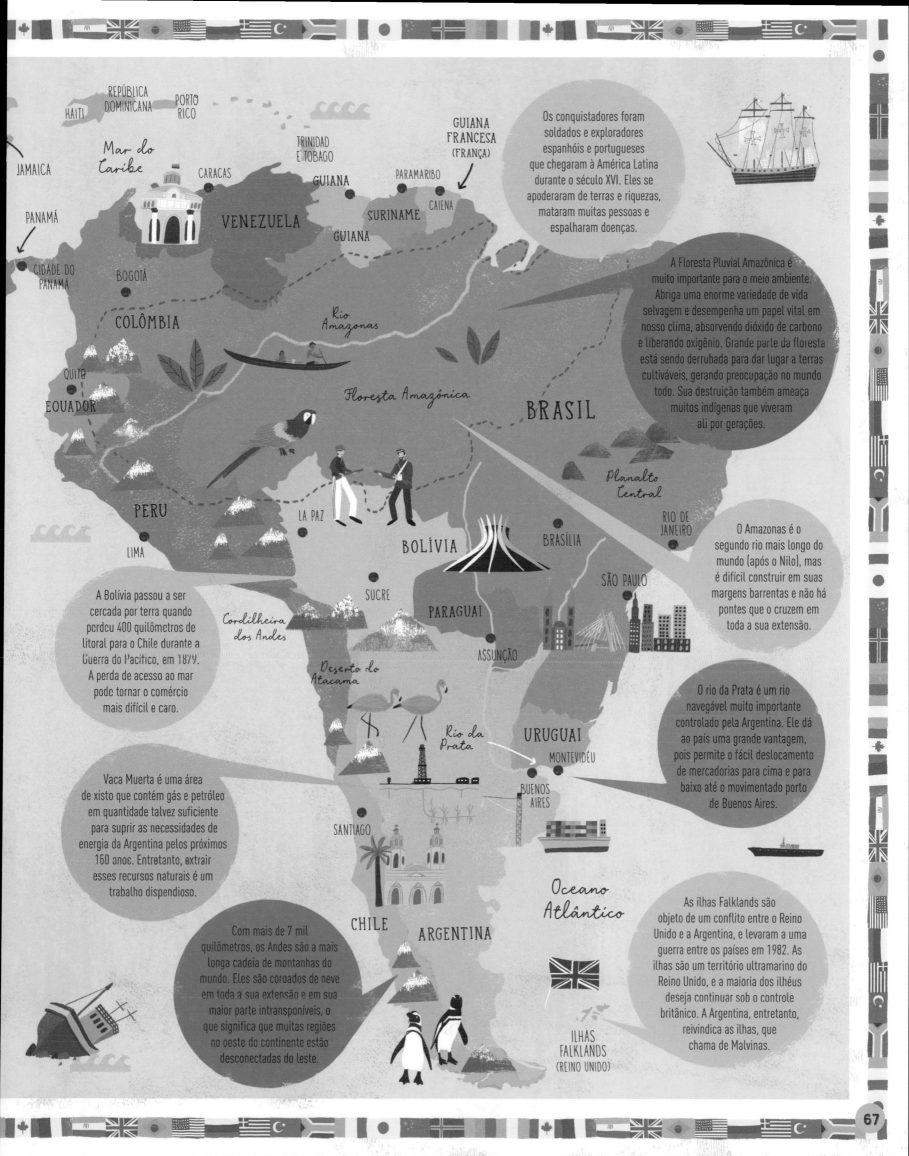

REPÚBLICA
DOMINICANA
HAITI
PORTO RICO

Mar do Caribe

JAMAICA

TRINIDAD E TOBAGO

GUIANA FRANCESA (FRANÇA)

PANAMÁ

CARACAS

PARAMARIBO

CIDADE DO PANAMÁ

VENEZUELA

GUIANA

CAIENA

SURINAME

BOGOTÁ

GUIANA

COLÔMBIA

Rio Amazonas

QUITO

Floresta Amazônica

BRASIL

EQUADOR

Planalto Central

PERU

LA PAZ

RIO DE JANEIRO

LIMA

BOLÍVIA

BRASÍLIA

SUCRE

SÃO PAULO

Cordilheira dos Andes

PARAGUAI

ASSUNÇÃO

Deserto do Atacama

Rio da Prata

URUGUAI

MONTEVIDÉU

BUENOS AIRES

SANTIAGO

Oceano Atlântico

CHILE

ARGENTINA

ILHAS FALKLANDS (REINO UNIDO)

Os conquistadores foram soldados e exploradores espanhóis e portugueses que chegaram à América Latina durante o século XVI. Eles se apoderaram de terras e riquezas, mataram muitas pessoas e espalharam doenças.

A Floresta Pluvial Amazônica é muito importante para o meio ambiente. Abriga uma enorme variedade de vida selvagem e desempenha um papel vital em nosso clima, absorvendo dióxido de carbono e liberando oxigênio. Grande parte da floresta está sendo derrubada para dar lugar a terras cultiváveis, gerando preocupação no mundo todo. Sua destruição também ameaça muitos indígenas que viveram ali por gerações.

O Amazonas é o segundo rio mais longo do mundo (após o Nilo), mas é difícil construir em suas margens barrentas e não há pontes que o cruzem em toda a sua extensão.

A Bolívia passou a ser cercada por terra quando perdeu 400 quilômetros de litoral para o Chile durante a Guerra do Pacífico, em 1879. A perda de acesso ao mar pode tornar o comércio mais difícil e caro.

O rio da Prata é um rio navegável muito importante controlado pela Argentina. Ele dá ao país uma grande vantagem, pois permite o fácil deslocamento de mercadorias para cima e para baixo até o movimentado porto de Buenos Aires.

Vaca Muerta é uma área de xisto que contém gás e petróleo em quantidade talvez suficiente para suprir as necessidades de energia da Argentina pelos próximos 150 anos. Entretanto, extrair esses recursos naturais é um trabalho dispendioso.

Com mais de 7 mil quilômetros, os Andes são a mais longa cadeia de montanhas do mundo. Eles são coroados de neve em toda a sua extensão e em sua maior parte intransponíveis, o que significa que muitas regiões no oeste do continente estão desconectadas do leste.

As ilhas Falklands são objeto de um conflito entre o Reino Unido e a Argentina, e levaram a uma guerra entre os países em 1982. As ilhas são um território ultramarino do Reino Unido, e a maioria dos ilhéus deseja continuar sob o controle britânico. A Argentina, entretanto, reivindica as ilhas, que chama de Malvinas.

CONECTANDO OS OCEANOS

O canal do Panamá, que conecta os oceanos Atlântico e Pacífico, foi inaugurado em 1914. Tem 80 quilômetros de comprimento e demanda cerca de dez horas de navegação. Ele evita que os navios tenham de viajar 13 mil quilômetros em torno da parte inferior da América do Sul, o que exigiria mais duas semanas.

POUPANDO TEMPO, POUPANDO COMBUSTÍVEL

SÃO FRANCISCO
NOVA YORK
ESTADOS UNIDOS DA AMÉRICA
Oceano Atlântico
CANAL DO PANAMÁ
8 mil quilômetros
AMÉRICA DO SUL
Oceano Pacífico
21 mil quilômetros
Estreito de Magalhães
CABO HORN

Além de demandar muito mais tempo, a rota pelo extremo meridional da América do Sul é também muito mais perigosa. Os navios devem ou passar pelo apertado estreito de Magalhães, onde é difícil navegar, ou pela perigosa passagem de Drake em torno do cabo Horn, com seus fortes ventos, enormes ondas e o risco de icebergs.

O canal do Panamá é uma rota comercial muito importante: cerca de 14 mil navios o utilizam todo ano. Alargado em 2016 para dar passagem a navios maiores, desempenha grande papel na economia do Panamá. O custo de utilizar o canal varia segundo o tamanho e o peso do navio, mas um porta-contêineres carregado tem de pagar centenas de milhares de dólares para fazer a viagem.

BRASIL: A LUTA CONTRA A GEOGRAFIA

Os países da América do Sul enfrentam muitos desafios similares. O Brasil é um bom exemplo: embora seja o maior e mais poderoso país do continente – quase do mesmo tamanho que os EUA –, seu desenvolvimento é dificultado por sua geografia.

CIDADES LITORÂNEAS

De uma população de 210 milhões de pessoas, 90% dos brasileiros vivem em cidades próximas da costa atlântica. Desenvolver o interior e construir conexões de transporte é caro e difícil, por isso muitas regiões continuam pouco povoadas e desconectadas. Em 1960, a capital foi transferida do Rio de Janeiro para a nova cidade de Brasília numa tentativa de estimular o interior do país.

UM MURO DE FALÉSIAS

Grande parte do interior do Brasil fica numa área de terreno elevado chamada Planalto Central. No litoral há uma queda íngreme até o mar, formando um imenso muro de falésias composto por serras. A maioria das cidades brasileiras está construída em pequenas áreas de terra plana entre as falésias e o mar, o que significa que não há espaço para se expandirem.

TRANSPORTE COMPLICADO

Construir estradas entre as cidades litorâneas do Brasil é difícil e caro, pois elas têm de subir e transpor o muro de falésias. As estradas existentes são estreitas e com frequência têm tráfego, e esses problemas de transporte limitam o comércio. Recentemente o Brasil descobriu reservas de gás ao largo da costa que podem ajudar a pagar pela melhora do sistema de transporte, mas será preciso uma enorme quantidade de trabalho e dinheiro para superar as desvantagens geográficas.

FLORESTAS QUE DESAPARECEM

1 Um terço do Brasil é coberto pela Floresta Amazônica. Dada a sua grande importância, é ilegal derrubar partes dela. Contudo, o governo permite que agricultores queimem algumas áreas de floresta a fim de usar a terra para cultivos e pastoreio de gado.

2 Embora essas áreas possam ser cultivadas, o solo é de má qualidade. Depois que os campos são cultivados por alguns anos, nada mais cresce.

3 Assim, os agricultores se deslocam para derrubar mais áreas de floresta pluvial e o ciclo se repete. Desde os anos 1970, quase um quarto da floresta pluvial foi desmatada para dar espaço à agricultura, criação de gado, mineração e construção.

A DOMESTICAÇÃO DO CERRADO

Ao sul da Amazônia fica o cerrado brasileiro. Algumas décadas atrás pensava-se que essa terra era inadequada para a agricultura, mas a área foi transformada e é hoje uma das maiores produtoras de soja do mundo. No entanto, essa história de sucesso tem seus aspectos negativos, em particular o enorme impacto ambiental. As mudanças na região ameaçam os hábitats de muitas espécies de plantas e animais, como a onça-pintada, ameaçada de extinção.

FAZENDAS DISTANTES

As terras cultiváveis tradicionais do Brasil estão situadas no Sul – numa área plana e bem irrigada. Embora a região constitua apenas uma pequena porcentagem desse vasto país, ela ainda é do tamanho de Espanha, Portugal e Itália combinados! Mas, como essas fazendas estão no interior, faltam rotas de transporte que as conectem às movimentadas cidades costeiras do Brasil.

Há muita coisa acontecendo na América Latina – de megacidades agitadas a festivais –, mas em boa parte uma bem distante da outra. Um dos problemas da América Latina é a dificuldade de conectar suas diferentes regiões, em especial onde florestas tropicais e montanhas se metem no caminho. Outro problema é a distância: o continente se estende muito ao sul, quase chegando à "base" do planeta… que fica muito longe do resto do mundo.

Oceano Índico

Sendo a Austrália tão grande, seria difícil um país invadi-la. Se tropas inimigas algum dia desembarcassem no norte, elas estariam a mais de 3 mil quilômetros da maior cidade do país – Sydney – e teriam de viajar através do deserto para chegar lá.

O interior australiano é remoto, árido e em grande parte inóspito, mas é aqui que são encontrados muitos dos preciosos recursos naturais do país, como ouro e diamantes.

Mar de Timor

DARWIN

TERRITÓRIO DO NORTE

Grande Deserto Arenoso

Deserto de Tanami

Deserto de Simpson

Cobrindo 7,7 milhões de quilômetros quadrados, a Austrália é o sexto maior país do mundo. Sua geografia é diversificada, variando de desertos áridos a florestas pluviais tropicais e montanhas coroadas de neve.

A Austrália sofre com frequência de incêndios florestais. É o segundo continente mais seco do mundo, depois da Antártida.

Deserto de Gibson

ALICE SPRINGS

AUSTRÁLIA

Grande Deserto de Vitória

AUSTRÁLIA OCIDENTAL

AUSTRÁLIA MERIDIONAL

Grande parte do interior australiano é coberto por um deserto abrasadoramente quente e seco. Essas áreas são lugares desafiadores para se viver. A maior parte dos 25 milhões de habitantes da Austrália vive ao longo da costa oriental e no canto sudeste, onde o clima é ameno.

PERTH

FLORESTA DE EUCALIPTOS

Grande Baía Australiana

Os habitantes indígenas da Austrália, o povo aborígene, chegou ao continente há cerca de 65 mil anos, vindo da Ásia. Quando os europeus chegaram ao país, no fim do século XVIII, a população aborígene foi muito maltratada e se tornou muito menor.

AUSTRÁLIA:
A GEOGRAFIA

A Austrália é uma vasta massa de terra cercada por água. É tão grande que é um país e também um continente: de fato, é o único país do mundo a formar um continente por si só. Sua localização remota significa que ficou isolada durante um longo período de sua história, mas nos tempos modernos está numa boa posição para se beneficiar de ligações comerciais com a Ásia.

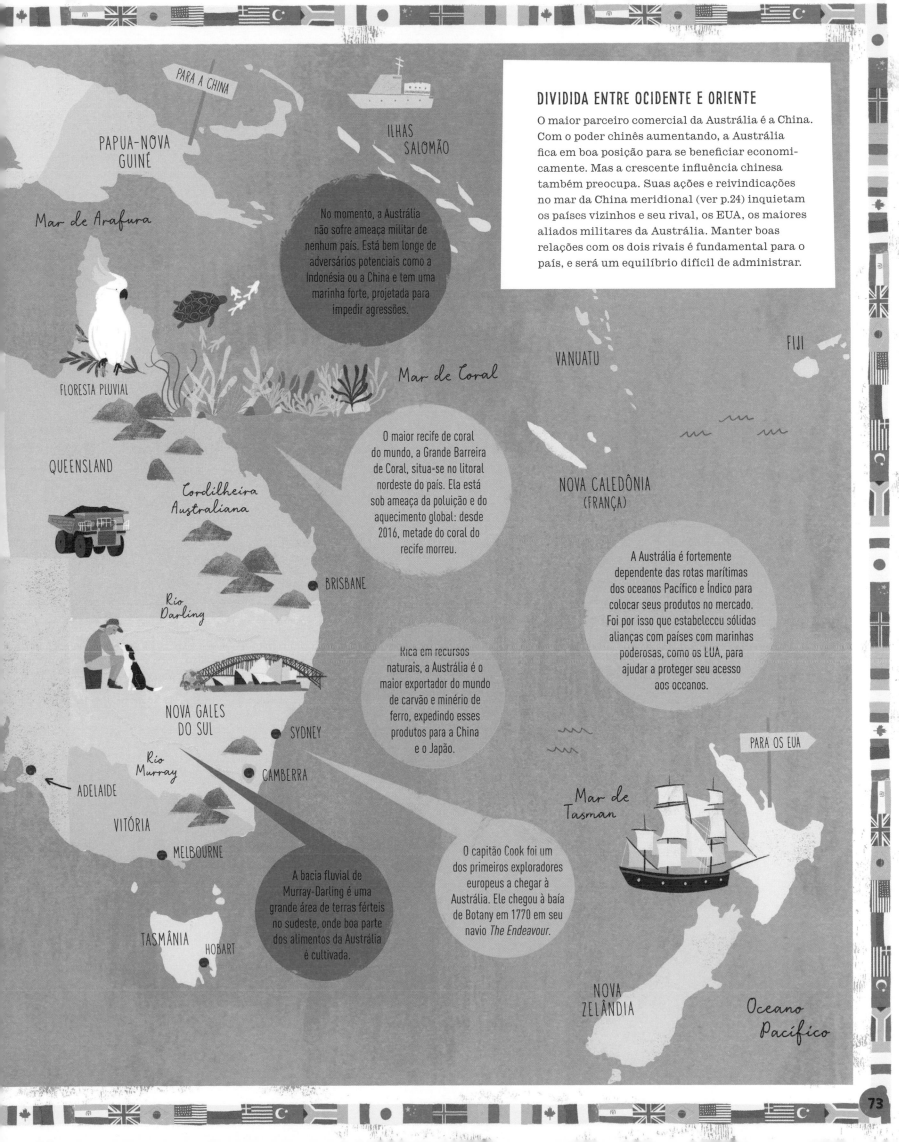

PARA A CHINA

PAPUA-NOVA GUINÉ

ILHAS SALOMÃO

Mar de Arafura

DIVIDIDA ENTRE OCIDENTE E ORIENTE

O maior parceiro comercial da Austrália é a China. Com o poder chinês aumentando, a Austrália fica em boa posição para se beneficiar economicamente. Mas a crescente influência chinesa também preocupa. Suas ações e reivindicações no mar da China meridional (ver p.24) inquietam os países vizinhos e seu rival, os EUA, os maiores aliados militares da Austrália. Manter boas relações com os dois rivais é fundamental para o país, e será um equilíbrio difícil de administrar.

No momento, a Austrália não sofre ameaça militar de nenhum país. Está bem longe de adversários potenciais como a Indonésia ou a China e tem uma marinha forte, projetada para impedir agressões.

FLORESTA PLUVIAL

FIJI

VANUATU

Mar de Coral

QUEENSLAND

Cordilheira Australiana

O maior recife de coral do mundo, a Grande Barreira de Coral, situa-se no litoral nordeste do país. Ela está sob ameaça da poluição e do aquecimento global: desde 2016, metade do coral do recife morreu.

NOVA CALEDÔNIA (FRANÇA)

A Austrália é fortemente dependente das rotas marítimas dos oceanos Pacífico e Índico para colocar seus produtos no mercado. Foi por isso que estabeleceu sólidas alianças com países com marinhas poderosas, como os EUA, para ajudar a proteger seu acesso aos oceanos.

BRISBANE

Rio Darling

Rica em recursos naturais, a Austrália é o maior exportador do mundo de carvão e minério de ferro, expedindo esses produtos para a China e o Japão.

NOVA GALES DO SUL

SYDNEY

Rio Murray

CAMBERRA

ADELAIDE

PARA OS EUA

VITÓRIA

Mar de Tasman

MELBOURNE

A bacia fluvial de Murray-Darling é uma grande área de terras férteis no sudeste, onde boa parte dos alimentos da Austrália é cultivada.

O capitão Cook foi um dos primeiros exploradores europeus a chegar à Austrália. Ele chegou à baía de Botany em 1770 em seu navio *The Endeavour*.

TASMÂNIA

HOBART

NOVA ZELÂNDIA

Oceano Pacífico

O ÁRTICO:
A GEOGRAFIA

Situado no topo do mundo, o Ártico é um lugar de grande beleza que cativou pessoas ao longo de toda a história. Apesar das condições gélidas, perigosas, muitos aventureiros viajaram pela região para explorar espetaculares paisagens geladas e a fascinante vida selvagem. Atualmente o gelo está diminuindo, tornando mais fácil o acesso ao Ártico e a seus recursos naturais. Isso levou as nações árticas – Canadá, Finlândia, Groenlândia, Islândia, Noruega, Rússia, Suécia e Estados Unidos – a se interessarem muito mais pelas partes do Ártico que cada país reivindica como sua.

A PASSAGEM NOROESTE

Durante séculos, exploradores buscaram um caminho pelo Ártico para chegar ao oceano Pacífico, passando pelas ilhas próximas à costa norte do Canadá. Muitas tripulações morreram nessas tentativas. Por fim, o norueguês Roald Amundsen conseguiu passar pelo estreito de Bering e entrar no Pacífico em 1905. Hoje, o derretimento do mar Ártico permite que navios de carga façam essa viagem através da Passagem Noroeste por várias semanas no verão. A rota é uma alternativa ao canal do Panamá e reduz em ao menos uma semana a viagem entre a Europa e a Ásia, poupando não só tempo, mas também combustível e dinheiro.

EUROPA
ÁSIA
PASSAGEM NOROESTE
CANADÁ
CANAL DO PANAMÁ

No inverno, a maior parte do Ártico fica coberta de gelo. Mas, nas últimas décadas, imagens de satélite revelaram que o gelo está encolhendo. A maioria dos cientistas concorda que o aquecimento global causado pelo homem é uma das principais causas.

Círculo Ártico

ILHAS DA NOVA SIBÉRIA

O oceano Ártico cobre 14 milhões de quilômetros quadrados. É o menor oceano do mundo, mas ainda é tão grande quanto a Rússia e tem cerca de uma vez e meia o tamanho dos EUA.

Mar de Bering

Na maior parte do ano, navios só podem viajar por rotas no mar Ártico com um navio quebra-gelo acompanhando-os. É por isso que a Rússia é a principal potência na região, pois ela tem uma frota de 46 navios quebra-gelo. Os EUA têm apenas cinco.

Mar Siberiano Oriental

ILHA DE WRANGEL

Estreito de Bering

Mar de Tchukatchi

Imagina-se que há muitos recursos ocultos no Ártico – como petróleo –, que serão de mais fácil acesso à medida que o gelo desaparecer.

PRUDHOE BAY

ALASCA (EUA)

Oceano Pacífico

O Ártico é uma terra de extremos: por curtos períodos no verão, as temperaturas podem chegar a 26°C, mas no inverno elas despencam abaixo de –45°C!

CANADÁ

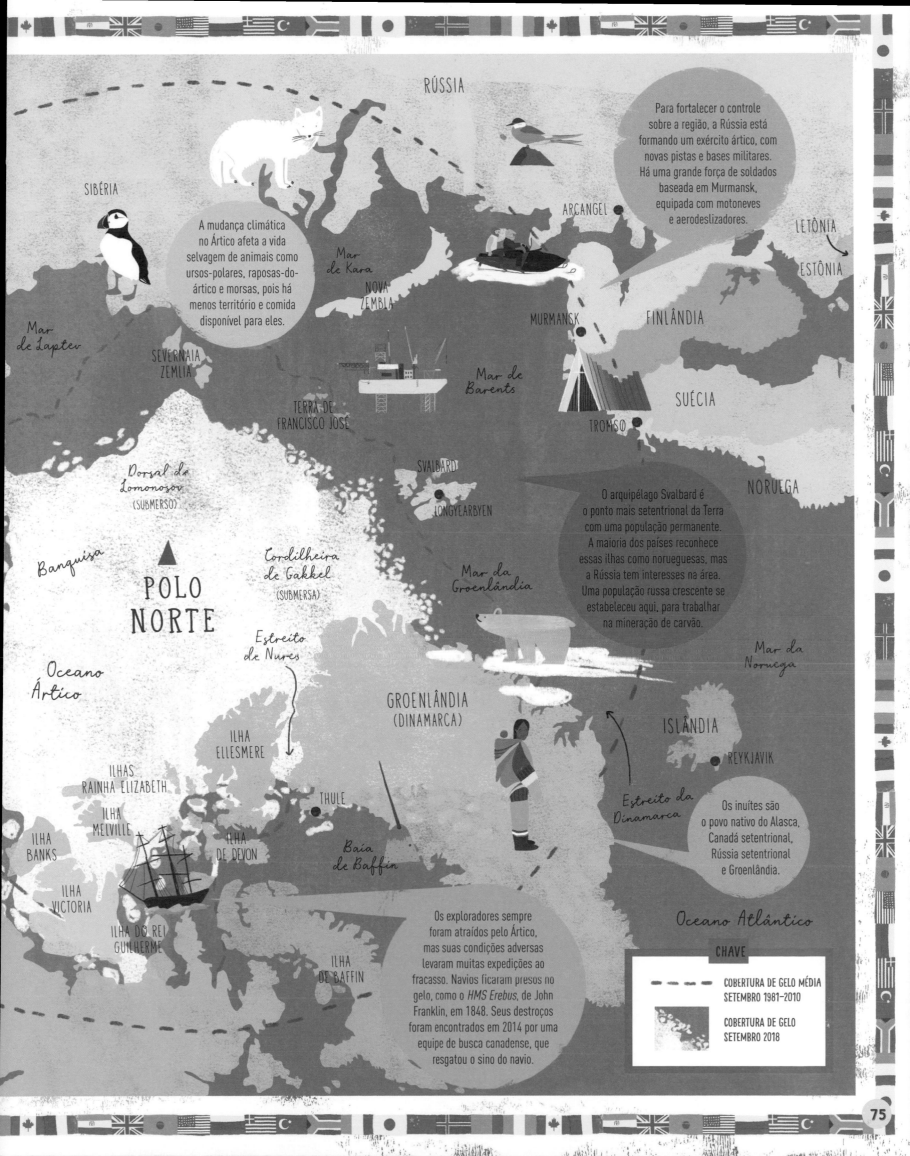

RÚSSIA

Para fortalecer o controle sobre a região, a Rússia está formando um exército ártico, com novas pistas e bases militares. Há uma grande força de soldados baseada em Murmansk, equipada com motoneves e aerodeslizadores.

SIBÉRIA

A mudança climática no Ártico afeta a vida selvagem de animais como ursos-polares, raposas-do-ártico e morsas, pois há menos território e comida disponível para eles.

Mar de Kara

NOVA ZEMBLA

ARCANGEL

LETÔNIA

ESTÔNIA

Mar de Laptev

SEVERNAIA ZEMLIA

MURMANSK

FINLÂNDIA

Mar de Barents

SUÉCIA

TERRA DE FRANCISCO JOSÉ

TROMSØ

Dorsal de Lomonosov (SUBMERSO)

SVALBARD

LONGYEARBYEN

NORUEGA

O arquipélago Svalbard é o ponto mais setentrional da Terra com uma população permanente. A maioria dos países reconhece essas ilhas como norueguesas, mas a Rússia tem interesses na área. Uma população russa crescente se estabeleceu aqui, para trabalhar na mineração de carvão.

Banquisa

POLO NORTE

Cordilheira de Gakkel (SUBMERSA)

Mar da Groenlândia

Mar da Noruega

Oceano Ártico

Estreito de Nures

GROENLÂNDIA (DINAMARCA)

ISLÂNDIA

REYKJAVIK

ILHA ELLESMERE

ILHAS RAINHA ELIZABETH

THULE

Estreito da Dinamarca

Os inuítes são o povo nativo do Alasca, Canadá setentrional, Rússia setentrional e Groenlândia.

ILHA MELVILLE

ILHA BANKS

ILHA DE DEVON

Baía de Baffin

ILHA VICTORIA

Oceano Atlântico

ILHA DO REI GUILHERME

ILHA DE BAFFIN

Os exploradores sempre foram atraídos pelo Ártico, mas suas condições adversas levaram muitas expedições ao fracasso. Navios ficaram presos no gelo, como o *HMS Erebus*, de John Franklin, em 1848. Seus destroços foram encontrados em 2014 por uma equipe de busca canadense, que resgatou o sino do navio.

CHAVE

- - - - COBERTURA DE GELO MÉDIA SETEMBRO 1981–2010

COBERTURA DE GELO SETEMBRO 2018

UMA NOVA GUERRA FRIA?

Há oito países que reivindicam parte do Ártico (Canadá, Rússia, EUA, Noruega, Dinamarca, Islândia, Finlândia e Suécia), e eles formam o Conselho Ártico. Durante muitos anos esses países tiveram reivindicações concorrentes na região, e recentemente a tensão tem crescido. Cada país quer assegurar o próprio acesso a rotas marítimas e recursos, e assim a questão de quem possui o quê se tornou mais importante.

A CORRIDA ÀS RIQUEZAS

Imagina-se que pode haver vastas quantidades de gás natural e petróleo no Ártico – talvez nada menos que 50 trilhões de metros cúbicos de gás natural e 90 bilhões de barris de petróleo. Pode haver também grandes fontes desconhecidas de ouro, zinco, níquel e ferro. Um acordo internacional concede aos países o direito aos recursos encontrados a até 200 milhas náuticas (370 quilômetros) de distância de suas costas.

A QUEM PERTENCE O ÁRTICO?

Alguns países discutem sobre a extensão de seu território. A Rússia diz que a dorsal submersa de Lomonosov, na costa da Sibéria, é um prolongamento de suas terras e por isso pertence só a ela. Como a dorsal vai até o Polo Norte, outros países discordam. A Rússia fez do Ártico uma de suas prioridades: em 2007, enviou dois submersíveis ao fundo do mar, quatro quilômetros abaixo, para plantar uma bandeira de titânio inoxidável e firmar suas reivindicações.

TRABALHANDO JUNTOS?

O Ártico é um lugar hostil. Durante grande parte do ano os dias são uma noite interminável, as ondas podem chegar a cinco metros de altura e às vezes o mar congela por uma profundidade de até dois metros. O futuro poderia apresentar problemas como contrabandistas, difíceis operações de busca e resgate e desastres ambientais, inclusive derramamentos de petróleo. Para enfrentar esses desafios, as nações árticas precisarão cooperar.

As mudanças climáticas ameaçam uma das últimas grandes regiões preservadas do mundo. Não só a geografia da área será transformada, mas também as relações entre os países, à medida que cada um tenta proteger seus próprios interesses. Porém, o que está acontecendo no Ártico é uma questão global: as mudanças aqui podem ter importantes consequências para todo o planeta. É do interesse dos países árticos trabalhar juntos e não deixar a corrida por recursos destruir essa vastidão outrora imaculada.

O FUTURO

Chegamos ao topo do mundo, o único caminho que resta é para cima!

Os seres humanos sempre foram fascinados pelo espaço – ele desafia a imaginação –, e agora somos capazes de explorá-lo de modos que nossos ancestrais só poderiam sonhar. À medida que a tecnologia avançar, vamos plantar bandeiras, conquistar território e superar os imensos entraves que o universo põe no caminho. Já há mais de mil satélites no céu, junto com estações espaciais tripuladas e até bandeiras americanas fincadas na Lua. Mas embora países como os EUA, a Rússia e a China estejam liderando a corrida pelo espaço, talvez – assim como no Ártico – seja sensato que todas as nações trabalhem juntas para enfrentar as muitas adversidades.

Antes de chegarmos às estrelas, devemos voltar à Terra com uma sacudida. Ainda temos muitos obstáculos com que lidar em nosso próprio planeta. Alguns deles existem há milhares de anos e continuarão a moldar nosso futuro: os Himalaias continuarão a separar duas das potências crescentes do mundo, China e Índia; a Rússia ainda tem um ponto fraco potencial nas regiões planas da Europa; Bangladesh ainda deve se preparar para ser inundada todos os anos.

E o futuro também traz novos desafios. A mudança climática pode afetar a geografia do mundo de várias formas: níveis do mar elevados podem submergir algumas cidades; temperaturas maiores podem mudar o volume de chuva e aumentar secas e inundações; mudanças na paisagem podem perturbar hábitos de plantas e animais. Os seres humanos podem se ver competindo pelos recursos do planeta como nunca antes.

Mas este é o único planeta que temos, e precisamos viver nele juntos. Sejam quais forem as barreiras à frente, velhas ou novas, os líderes de nosso mundo – e cada um de nós – devem trabalhar unidos para contorná-las.